Joannes Vacquerius

Catholique remonstrance aux roys et princes chrestiens...

Joannes Vacquerius

Catholique remonstrance aux roys et princes chrestiens...

ISBN/EAN: 9783741140471

Manufactured in Europe, USA, Canada, Australia, Japa

Cover: Foto ©Thomas Meinert / pixelio.de

Manufactured and distributed by brebook publishing software
(www.brebook.com)

Joannes Vacquerius

Catholique remonstrance aux roys et princes chrestiens...

CATHOLIQVE

.EMONSTRANCE

AVX ROYS ET PRIN-
CES CHRESTIENS, A TOVS MA-
giſtrats & Gouuerneurs de Repub.
touchant l'abolition des hereſies,
troubles & ſciſmes qui regnent auiourd'huy en la Chreſtienté.

ript̃e en latin par M. Iean de la Vacquerie , Docteur de la
Sorbonne : & par luy addreßée au Treſchreſtien Roy de
France, Henry I I. de ce nom, allors regnant,

nouueau miſe en Fraçois, & enuoyée aux Seigneurs, Pre-
uoſtz, Eſcheuins, bourgeois & marchans de Paris.

Le contenu ſe voit en la page ſuyuante.

A PARIS,
Par Nicolas Cheſneau, en la maiſon de Claude Fremy, rue
Sainct Iacques, à l'image Sainct Martin.
M. D. LX.
AVEC PRIVILEGE.

Ceſte Remonſtrance, monſtre ſommairement: combien eſt
Hereſie griefue & pernicieuſe à la Republique.
Puis par quel moyé on peult cognoiſtre & punir les he-
retiques.
Finablement, comment ſans tumulte & ſedition, l' here-
reſie peult eſtre extirpée & abolie.

EXTRAICT DES REGISTRES
de Parlement.

LA Court ayãt eſgard à la requeſte à elle preſentée par Claude Fremy & Nicolas Cheſneau libraires en l'vniuerſité de
Paris: A ce qu'il leur fuſt permis imprimer & expoſer en vente
ceſte preſente Oraiſon & Remonſtrance aux Roys & Princes Chreſtiens, &c. Ladicte Court, apres auoir veu la certifica-
tion des Docteurs en Theologie, regens en l'vniuerſité de Paris, qui
l'ont veu, viſité. & approuué catholicque: A permis & permect
auſdictz, Fremy & Cheſneau, l'impreſſion & vẽte de ladicte preſente Oraiſon. Et a inhibé & defendu, inhibe & defend à toꝰ aus
tres libraires & imprimeurs, de l'imprimer & moins expoſer en
vente, iuſques au temps & terme de trois ans finis & accompliz.
ſur peine de confiſcation des liures qui ſe trouueroyent imprimez
par ſus ladicte defenſe, & d'amende arbitraire.   Faict en Parle-
ment à Paris le 11. iour de Ianuier 1559. Signé Camus.

EPISTRE

DV TRADVCTEVR,

A Meſſeigneurs le Prouoſt Eſcheuins, Bourgeois & marchans de Paris.

Voyant Meſſeigneurs, que ceſte Oraiſon & remonſtrance nagueres miſe en lumiere, pour l'extirpation des hæreſies, auoit eſté eſcripte en faueur de voſtre treſcelebre Cité, tendant a fin de remonſtrer au Roy le danger qui en deſpend, & luy perſuader qu'il en feiſt faire la punition, telle qu'il appartiét, auſſi de maintenir & garder touſiours voſtre commune de Paris en celle integrité & conſtance de foy, religion, & deuotiõ en laquelle iuſques à preſent elle a par la grace de Dieu perſeueré : I'ay eſtimé eſtre treſconuenable & expedient, que ladicte Oraiſon, qui eſtoit (comme dict eſt) compoſee en faueur de la commune, fuſt pareillement tranſlatée & eſcripte en langue cõmune & vulgaire: Affin que le fruict & profit d'icelle, paruint à pluſieurs, & que le ſimple populaire fuſt par ce moyen aucunement inſtruict & aduiſé des ruſes & fineſſes des Hæretiques, affin de ſoy garder d'iceux. A ceſte cauſe, Meſſeigneurs, ie vous preſente icelle mienne tranſlation francoiſe: laquelle i'eſpere qu'aurez d'autant aggreable, que le premier oeuure latin a eſté par gens doctes, trouué fructueux & vtile à la Repub. Chreſtienne. Que ſi i'appercoy ceſtuy mien labeur vous eſtre aggreable, ce me ſera vn eſguillon qui m'animera à faire aultre choſe, que iugeré eſtre aggreable à Dieu & a l'augmentation de ſa religion : D'auſſi bon cueur comme ie le prie vous tenir tous, auec voſtre ville, en ſa garde & protection.   A Dieu.   A ij

DIZAIN A L'AVTHEVR
par Hubert Maurus.

L'Arche de Dieu, iadis fut emportée
Des Philiſtins de Iudée ennemis:
Mais Dieu voulant, des vaches rapportée
Fut dans ſon lieu, aupres de ſes amis.
De noſtre temps, les gros boeufz ont remis
L'arche de Dieu aux mains des Philiſtins.
Vaches venez l'Arche oſter aux matins:
Venez a coup, vien docte Vacquerie.
QVe ceſſes-tu? les bœufz & Philiſtins
Ne feront rien par leur haulte crierie.

REMONSTRANCE
aux Roys & Princes
Chreſtiens.

Fab.lib. In-
ſtitut.

I le grand Philoſophe Ari-
ſtote, lors que Iſocrates caſſé & rópu de vieilleſſe, ceſ-
ſa de lire, voyant les profeſsions de
Rhetoricque interrompues, ſouſpi-
ra en ſoy-meſme, & par cōmiſeratió
qu'il auoit de ceſte eſcolle qui ainſi
deſcheoit, recomméçant les leçons
iecta ce propoz: *Ceſt hōte & choſe laide*
de ſoy taire, & dire que Iſocrates eſt ma-
lade. Qui eſt celuy auiourd'huy au
treſſacré ordre des Theologiés, qui
ne ſoit honteux ſe taire, ou ſ'abſte-
nir de mettre la main a la plume:
quand il voit la ville defenſereſſe de
la foy catholique, voire toute la Republique Chreſtiéne, eſtre indigne-
mét plus que ló pourroit dire, trou-

La ville de
Paris deſſé-
fereſſe de la
Chreſtienté.

A iij

blée de gés hæretiques & fcifmatic-
Quel eſt l'office des Theologiés. ques? Veu principallemét que l'office des Theologiens & gens d'egli-
fe, eſt nó feullement appaifer l'ire de
Dieu, & pour impetrer pardó, & luy
offrir facrifice: mais aufsi prendre la
caufe de Dieu enuers le peuple, re-
monftrantz fon indignatió, & pro-
curátz que reparation foit faicte des
offenfes commifes contre la maie-
fté diuine.

Toutes ces chofes, O Roy trefchreftien, ont faict que ie, qui fuis
hóme de bas lieu, & vile condition,
deplore ce iourd'huy en bref deuát
voftre haulteffe & amplitude royalle, la commnne & vniuerfelle playe
de voftre eglife de Fráce. Car combien, que a la verité on repute eftre
chofe grande & dangereufe faire ha-
rengues, ou remonftráces aux roys
& gráds princes, i'eftime toutesfois
eftre

eſtre moins grief ſoy mettre en danger des meſdiſances & mocqueries *Bernar.epi-*
des hommes, ou meſmes de la vie, *ſtol. 24t.*
que d'eſtre repris & condamné deuant Dieu de ſiléce indiſcrete, pour
auoir celé la verité & ſupprimé iuſtice.

Pourtant me ſuis auenturé, & ay
mis ma vie en mes mains, pour tantoſt la remetre entre les voſtres, eſ-
perant que ce me ſera vn iour grand
auancement deuát la face de Dieu,
ſi ie puis aſſeurement dire: Seigneur *Pſal.39.*
Dieu, ie n'ay caché en mó cœur vo-
ſtre iuſtice, ains ay dict franchemét
la verité, & annoncé les voies de ſalut. Ou bien ceſt autre mot: Ie par-
loie de voz commandemens & de-
cretz en la preſence des roys, & n'en
auoye eu craincte ou confuſion. Ie *Pſal.118.*
recognois icy ma petiteſſe & mó im
becillité, mais ie reuere & honore la

A iiij

puissance, authorité, & diuinité de
celuy duquel ie prens la cause. Les
choses premieres causent en moy v-
ne crainĉte. Les secondes me rendét
hardy. Car iacoit que ie soye adoles-
cent & contemptible (ie diĉtz ado-
lescent, non tant de paucité d'ans,
que de merite) Dieu est tout puissant
pour me donner la voix vertueuse &
gracieuse. cóme iadis il feist a só ser-
uiteur Daniel, lors qu'il estoit captif
en Chaldee: Et luy qui bailla à la
ieune fille Ester, grace aux yeux du
roy Assuerus: pourra aussi pareillement faire que ie trouue grace vers
le roy: affin qu'il me preste l'oreille,
& permette que deuant luy & à sa
personne, ie forme ma cóplainĉte,
& declare ma douleur, & les gemis-
semés des sainĉtes & vertueuses per-
sonnes, qui sont réplis de zele & de-
stresse de cueur, sur ces meschantz,

les

Daniel 3.

Hester 5.

Psalme.

les voyás accroiſtre, auecq' vne paix
& liberté effrenée.

Et certes apres Dieu, & pour la
defence & tuition de la foy & reli-
gion Chreſtienne, nous ne pourriós *L'office de*
eſlire iuge plus competent, ou com *vn Roy treſ*
chreſtien &
mode que le roy Treſchreſtien, le- *vertueux.*
quel puis qu'ainſi eſt, qu'il eſt Treſchreſtien, il aura vn zele de garder
l'honneur de Dieu: puis qu'il eſt roy
vertueux & puiſſant, il ne permettra
l'egliſe catholicque en ſon royaulme eſtre oppugnée & opprimée a
tort: veu meſmemét que des le iour
de ſon couronnement & enſaiſine-
ment du royaulme, il a iuré & promis à Dieu qu'il ſeroit fidele prote-
cteur de la foy Chreſtienne. Et de
preſent (Sire) puis que ma parolle ſe
dreſſe à voſtre maieſté : I'appelle
Dieu en teſmoing, ſi par ceſte mienne oraiſon, ie requiers ou pretens de

vous & voftre confeil chofe aucune, finon ce que i'eftime eftre tref-
conuenable à garder voftre authorité & dignité.

Pourtant, ie vous fupplie treshū-
blement, que pour voftre finguliere
clemence & bonté, vous preniez en
la meilleure partie les propoz que ie
metz en auant, & m'efcoutiez pati-
emmēt, vous recitant : *combien eft gri-*
efue & pernicieufe a la republique herefie:
puis apres : *par quel moyen lon pourra co*
gnoiftre & punir les hæreticques : Finablement, *commēt fans tumulte & fedi-*
tiō, l'herefie pourra eftre extirpée & dechaf-
fée de voz terres. Lefquelles chofes Dieu nous aydāt, auecq' la ferenité de
voftre face, a mō petit pouoir ie me
efforceray vo⁹ expedier, partie pour
fatisfaire a mon office & fainct defir
de voftre peuple, partie pour recom
péfe & recognoiffance telle quelle,
du

du debuoir & obligation dont me
fens attenu a cefte noble ville, qui
m'a nourry des mó enfance, du laiɛt
des bonnes lettres, & generallement'
à tout le pais. Ce que iamais n'euffe *Peu de gens*
voulu entreprendre, n'euft efté, que *fe mettét en*
auant pour
ie voy que fommes tous adónez aux *la defence*
de l'eglife.
chofes mondaines & terriennes : &
fe trouuent bien peu de gens qui fe
mettent en auant pour la defence de
l'eglife, tant fommes nous pefans,
endormis, & difsimulez en œuures
vertueufes. Les ceremonies fe de- *Mifere &*
calamité de
laiffent, la deuotion du peuple qui *noftre téps,*
eftoit au parauant tepide, eft du tout *à laquelle le*
Roy doibt
refroidie & quafi gelée. La fplédeur *obuier, pour*
lentretene-
ancienne de religion, auecq' l'hon- *ment de fon*
nefteté de meurs dechet du tout, & *Royaulme.*
l'honneur de Dieu tant fort fe dimi-
nue, que auiourdh'uy plufieurs fe
trouuent qui rameinent en doubte
les premiers rudimens de noftre foy:

a tous lefquelz maulx, fault auecq'
prudence & maturité obuier, fi vous
voulez que voftre Royaulme vous
foit gardé fauf & entier.

Herefie eft
vn crime, le
plus dange-
reux et pefti
lérieux qui
soit en vne
cité ou repu
blique.

EN premier poinct, la grãdeur ou
grauité de tous crimes, offenfes,
& delicts fe prent refpectiuemēt, ou
de la mauuaiftié & deprauée inten-
tiõ des malfaicteurs, ou des eftatz &
condition de ceulx qui font greuez,
ou bien de la grandeur des pertes &
dõmages qui f'enfuyuent. Defquelz
trois moiens, fi nous voulons efpelu
cher & mefurer vn chafcun au crime
d'herefie & blafpheme, no' trouue-
rons incontinent qu'entre infinies
diuerfitez de coulpes, il ne f'en trouue aucune plus pernicieufe, capitale,
peftilentieufe, & dangereufe que cefte cy. Car affin que nous parliõs par
le menu, quelle incommodité ou af-
fliction eftimeriez vous eftre plus
gran-

grande en vne ville ou republicque,
qu'vn homme pernicieux, qui veult
que tout soit faict a son plaisir : &
n'estime rien bon ou iuste, sinon ce
qu'il iuge estre tel? Tel personnage ne
vous renuersera il pas tátost les loix,
ordonnances & coustumes, & s'ap-
puyant sur son propre iugement, &
s'esleuant par tyrannie, contraindra
il pas le peuple viure miserablement
en pleurs & douleurs? Mais certainement en ce crime est deprehendé vn
chascũ heretiq̃, lequel esleué en son
esprit par arrogáce & insoléce, mect
soubz le pied les obseruáces & sainctes traditiós des bós peres anciés, a-
uec les propres & naifues interpretations des escriptures, controuuant
nouuelletez pnicieuses a soy & au po
pulaire, nó a autre fin, sinó affin qu'il
soit trouué & reputé inuéteur d'vne
nouuelle religion, & par ce moyen

*Le fruict
que pduict
vn hæretic-
que en vne
ville : &
pourquoy.*

eſtimé plus ſcauant & mieulx aduiſé que les autres:tellement que aucũs
d'iceulx embaſméz du poiſõ de vai-
ne gloire & amour de ſoy-meſme,
(comme feiſt iàdis l'ange Lucifer)ſe
ſont voulu eſgaller & cõparer a Ieſuſchriſt le Sauueur:ou bien faire ſu-
perieurs, luy courás ſus & liurás diuers aſſaulx,tantoſt calũniantz qu'il
eſtoit pur & ſimple homme: tantoſt
affermát qu'il n'eſtoit vray homme,
ains qu'il auoit pris vn corps fantaſti
que, qu'il n'eſtoit nay d'vne vierge,
qu'il n'ha eſté doꞓteur de verité, ains
preſtigiateur & introduꞓteur de ſu-
perſtition,& vendeur de menſonge.
Nians tout a plain la prouidence de
Dieu,le liberal arbitre,l'immortalité
des ames,& (qui pis eſt ſur tous) l'e-
ſtre æternel du createur: auecq' pluſieurs telz propoz execrables & ab-
hominables, qui ſ'efforcent perſuader

Le propre
des hereti-
ques.

der aux femmes, aux ieunes gens &
simple populaire, repugnant & con
tredisant a eulx le Saict esprit, lequel
deuât toutes choses ilz suffocquent
& estaignent en leurs ames, s'accoin-
tans de l'esprit de Satan: duquel menez & conduictz, concoiuent vne
haine immortelle contre les gens bié
viuans & amateurs de pieté, leurs có
mencent a mal vouloir, les espient
& conspirent à leur mort, du tout ir-
reconciliables & obstinez en telles
estudes, comme les diables desquelz
l'orgueil & obstinatió iournellemēt *Psal. 73.*
accroist. Parquoy iamais ou peu sou
uent voit on aduenir, depuis qu'ilz
sont arrousez & ensorcelez de ce venim mortiferé, qu'ilz retournét a l'e-
glise & viennent a penitence : combien que quât ilz sont apprehendez,
ilz dissimulent tres-bien & se main-
tiennent bons & fideles Chrestiens.

L'herefie eſt
intollerable
& inexcu-
fable.

Quelle maniere de viure malheu
reufe & pernicieufe, fembleroit digne d'aucune excufe, fi feullement
elle f'addreffoit aux hommes & ordonnances d'iceulx? Mais quant elle
fe profond & eftend iufques a Dieu
& fes Sainctz, Iufques a la loy de
Dieu, iufques a l'Euangile & traditions apoftolicques, qui pourroit de
bon cueur en tel cas receuoir aucune excufe? Qui ne feroit réply d'im-
patience de veoir ces chuettes & ve-
fpertilions hayneurs & ennemys de
la lumiere Euangelicque, impugner
& debattre la verité Euágelicque par
l'Euangile, & les efcriptures par les ef
criptures? foy cófier en parolles men
fongeres, & dire: *La Parolle, la Parolle*
de Dieu, quand eulx mefmes defgui-
fans & abatardifans le Verbe diuin,
ilz repudiét & reiectent les faines &
meures interpretations des efcriptures,

res, approuuées par l'eglife, foy di-
fans enfeignez de Dieu, & remplis *Sapien.1.*
du Sainct Efprit. Mais ce benoift Efprit cçlefte n'habite es cueurs difsimulez, ny au corps fubiect à peché.
C'eft la venterie impudente & mé-
fongere blafpheme de ce faulx pro-
phete Mótanus, lequel encore qu'il *L'heretique*
Montanus.
fuft adultere publicque, fi abufa il
notoirement des familiaritez de Pri-
fcilla & Maximilla, fe vantant d'a-
uoir le Sainct Efprit. Certes, il n'eft
moins odieux que noz hçretiques a-
uec vn fafte, auiourd'huy maintien-
nent que l'authorité de l'eglife Chre
ftienne eft par deuers eulx, mais fa-
bricant & baftiffant ie ne fcay quelle eglife inuifible, monftreufe, & fan
tafticque, reformée (comme ilz di-
fent) par les efcriptures, *Comme fe l'e-* *Iargon des*
hæretiques
glife Militáte, euft efté aultresfois fans *de noftre*
macule & imperfection. Comme fi *temps.*

B

leurs communaultez & affemblées
eſtoiét mieulx reformées que les no-
ſtres. Eſquelles toutesfois, on cognoiſt certainement ſe trouuer pluſieurs parricides, ſacrileges, apoſtatz,
vagabons, & moines defrocquez, en
l'ame deſquelz, qui ſe pourroit perſuader le Sainct Eſprit, & non plus
toſt l'eſprit de Satan ſoy repoſer. Lequel Satan, par moyē de ces dogma-
tizans ſe veult à preſent védiquer &
attribuer la ſouueraineté de l'egliſe,
comme iadis il ſe attribuoit la prin-
cipaulté du monde.

Mais paſſons oultre, & puis qu'ainſi eſt que nous ſommes en differant
de la prerogatiue & dignité de l'egli
ſe. Dictes (ie vous prie) quant, & à
quelle perſonne à pris ſon commen
cement voſtre egliſe? à ce eſté à Nicolas l'Antiochien, ou Simō le Ma-
gicien, du temps des Apoſtres? Vous
me

De quelles geſ ſont les aſſemblées des hereti-ques.

me le denyerez tout à plat, craignás
que n'eusiez peu honeſtes & honorables autheurs de voſtre egliſe. A *Note Chreſtien.*
ce eſté Arrien, Manichée, ou Sabel-
lien, enuiron le temps de ſainɗ Syl-
ueſtre? mais iceulx n'eſtoiét d'accord
entre eulx: & l'egliſe des ſon cómencement a eſté touſiours d'vn meſme
ſentiment, & regie par vn meſme eſprit. Pourroit-ce auoir eſté à Iean
Hus, Vviclef, ou Hieroſme de Prag-
ge, lors que le premier concile de
Conſtance ſe tenoit? mais encore ne
ſeroient telz fondemés aſſez fermes
& ſtable, pour baſtir voſtre egliſe.
Que ſi vous me reſpondez voſtre eſ-
gliſe eſtre fondée ſur Martin Luther,
Oecolampade, Caluin, & leurs adhe
rens, gens pour certain ſuperbes, am
bitieux, intemperans & charnelz:
vous ſeres reputez ineptes & mal ad-
uiſez, entant que par trop lóg temps
. B ij

vous laifferies Iefufchrift fans efpou-
fe.Dôt affez appert a vn chafcun voftre eglife eftre l'eglife des malins: &
non celle vraye efpoufe de Iefus, laquelle il a rachetée & repurgée de fó
precieux fang: qui a efté des la crea-
tion du monde, & a perfeueré iufques à prefent, & durera iufques à
la fin en la foy & obeiffance qu'elle a
receu du Sauueur Iefus & fes Apoftres : Laquelle iamais n'a fuyui l'efprit d'inconftáce & menfonge,ains
feullement s'eft permis eftre gouuer-
née par celuy qui procedant du Pere
& du Fils,a eftéenuoyé en terre pour
fa direction & guyde: l'entés l'efprit
docteur & enfeigneur de toute verité, qui demeure perpetuellement a-
Iosn.14. uec elle, qui ne parle de fon propre
& priué iugement:ains annonce có-
me il a receu du pere de lumiere.

   Si aucunes cófciences cauterizées,

                                  &

& faulx prophetes, gens femblables
à vous mettent en auât quelque môftre de charnalité ou impieté, entre
les Chreftiens, parlans de leurs propres fens, nous entendons incontinent que ces tendrons ne prouien-
nent de la feméce celefte, & que l'ennemy a femé au par deffus de la ziza
nie, ce que nous tenons pour certain
le Sainct Efprit ainfi nous reuelant.
La maifon de Dieu eft grande, ayás 1. Timot. 1
diuerfes vftencilles : ayans vaiffeaux
de bois & de terre, vaiffeaux d'or &
d'argent : vaiffeaux d'honneur & de
contumelie : d'election & reproba-
tion, d'ire & de mifericorde, lefquels
quand le temps fera venu, feront di-
ftinguez & feparez les vns des autres. Pourtant ne faict rien contre la
dignité & eminêce de l'eglife, ce que
vous nous propofez, & tant fógneu-
femêt vous raffemblez & amaffez les

B iij

abuz des gens de religió & du clergé. Ce font vifsicitudes & chágemés
du temps prefent, & de la gédarmerie, en laquelle no⁹ à appellé Dieu le
createur. Ce font les douleurs de l'e-
glife Chreftienne, laquelle iufques à

Ioan. 16. ce iourd'huy, eft en trauail & douleur d'enfantement myftique. Lef-
quelz s'offrent à moy & à toy, affin
qu'en telle varieté mondaine, nous
puifsions à noftre vtilité & honneur
reieéter le mal & eflire le bien. Ne-
àntmoins, au regard de ces chofes
nous fommes plus que fuffifammét
enfeignez des efcriptures, que l'eglife n'eft de voftre cofté, ny le S. Efprit

Le Sainét regnant en voz affemblées, & n'eftes
Efprit n'eft
aux affem- (comme faulfement vous controu-
blées des he
retiques. uez) les difciples de Iefufchrift: mais
bié de l'Antechrift. Ainfi nous la fuf
fifáment declaré le Pere celefte en S.

Matth. 24. Matthieu, difant: En ces iours f'efleueront

ueront plufieurs faulx prophetes, & feduiront plufieurs. Ilz f'efleueront, affauoir, par orgueil &´grande pre- fumption, vfurpât la dignité de pre- ftrife & office de prefcheurs, negli- geant l'authorité & adueu des fupe- rieurs: & ce pour feduire & retirer le populaire de la foy & de l'vnion de l'eglife & obeiffance deüe aux pre- lats & gouuerneurs de la police. Puis peu apres defcouurât l'argument de voz predications, dict ainfi: Lors f'ils vous difent, Iefufchrift eft icy, il eft la, il eft au defert, il eft dedâs les mai- fons, & lieux cachez, ne les croyez, ny ne fortez poïnt pour y aller.

..Ne faictes vous point tout ain- fi, quand auiourd'huy effrontement vo⁹ fuggeres & perfuades au peuple, que l'Euâgile ne luy à point efté de- clarée iouxte fa püre & fimple veri- té? que Dieu & le benoift Sainct Ef-

La vie & le propre des heretiques, predicte par Iefufchrift.

prit ne font en l'eglife Romaine, &
n'eft à eftimer ou prifer en rien le S.
fiege apoftolique? quand vous louez
& efleuez iufques au ciel, côme an-
ges de Dieu, Martin Luther, Oeco-
lápade, Caluin & leurs confors? Ne
me diftes vous pas icy en couuert &
parler defguifé, Iefufchrift n'eft pas
la: il eft dehors, il eft aux cachettes de
l'efcole de la nuiît? Mais que me dift
en ce deftroit le Saulueur? Ne croyez
(dift il) à impieté & parolles méfon-
geres: Ne vous feparez ou retirez de
la maifon de Dieu, qui eft l'eglife catholique, fondement & columne de
verité: Puis apres, môftre par certain
figne ou nous le chercherons, pour
le trouuer. Ou fera le corps (dift il)
illec f'affembleront les aigles: affin
que chacun entende que Iefufchrift
veritablement eft la ou font affem-
blez gens aquilins, i'entens gens fpe-
cula-

En quel lieu
& auec
quelles gens
on doibt
chercher Ie
fufchrift.

culatifz & haultains en contempla-
tion, gens retirez du monde & toutes chofes terreftres, & par faincteté
de conuerfation ia habitans au ciel,
& non d'efcarbotz & infames pour-
ceaux, ou taulpes doublement aueu-
glées, lefquelz (iouxte le dire du Sauueur) on cognoiſt de leurs oeuures.

Que ſi non contens des chofes ſuf-
dictes, ilz perfeuerent debatre côtre
nous, pour la prerogatiue de l'eglife,
qu'ilz nous liurent & propofent gés
de leurs partie femblables à Sainct
Iean Chrifoftome, Sainct Cyrille, S.
Ignace, Sainct Hierofme, Sainct Au
guſtin, Sainct Ambroife, Sainct Gre
goire, Sainct Cyprian, Sainct Bernard, Sainct Benoiſt, Sainct Domi-
nique, Sainct François, Sainct Tho-
mas, & autres quaſi innumerables,
lefquelz nous honorós & reuerons
comme amis de Dieu & citadins de

paradis : gens dis-ie, pleins du S. Efprit, admirables en fçauoir, illuftres
en faincteté & miracles. Qu'ilz pro-
duifent & mettent en auant le def-
feïg & figure de cefte eglife nouuelle qu'ilz propofét baftir. Qu'ilz nous
pourtrayent & defcripuent la Hie-
rarchie, les ceremonies & ordonná-
ces d'icelle, & fi elles fe treuuent plus
parfaictes que les noftres, nous leurs

Note Chre- baillerons gaigné. Si Dieu eft feruy
ftié touchât
la vie & a- de leur part auec plus grande deuo-
ftes des he-
retiques. tion, Si les fainctz font mieulx reue-
rez, Si les facremens font plus reueré-
ment adminiftrez. S'ilz viuent en
plus grande abftinence & chafteté,
S'ilz font meilleurs obferuateurs de
iuftice, fidelité, mifericorde, charité,
& toutes autres vertus moralles, quit-
tons leurs la place.

Mais fi en tous ces articles ilz fe
fentent inferieurs aux catholiques,
fi

ſi toute diſcipline perdüe, & tout ordre politique confuſe, entre eulx le
ieune ſeſleue contre l'ancien, le vil-
lain côtre le noble, ſi chaſcũ ſe veult
attribuer la dignité ſacerdotalle, &
n'y a diſtinctiõ des preſtres & du populaire, c'eſt raiſon qu'ils recognoi-
ſſent leurs faulte, qu'ils facent fin de
meſdire de nous.

Qui nous meut donc de chan-
cellér à dextre & à ſeneſtre? ſi Ieſuſchriſt eſt Dieu, & l'egliſe Romaine
ſon eſpouſe vnicque, pourquoy ne
delaiſſons nous Baal (c'eſt à dire,
l'eſprit de legiereté & inconſtáce)&
leurs adherons? Mais que t'a faict
Dieu, O homme dampné & perdu,
que d'vne tant grande obſtinatió &
pertinacitétu ne ceſſe detracter con
tre ſa maieſté, ſon omnipotéce, ſa ſa-
pience, & immenſe bonté? Eſt-ce
pour ce qu'il t'a créé à ſõ pourtraict,

& t'a doué de ce don trefexcellent
d'intelligence? Eft-ce pour ce qu'il
t'a donné l'ufage de raifon, & faculté
de parler? fans lefquelz dons, mefmes
tu ne fcaurois mouuoir ces troubles:
Au lieu de cela, plus toft tu debuois
luy rendre aƈtion de grace, pour les
innumerables biens que tu as receu
de fes mains, & non ainfi te mefcon-
gnoiftre, toy bander à lencontre de
ton Dieu. Ainfi ouurant ta bouche
puante & infeƈte, pour ieƈter de ta
langue venimeufe, blafphemes con-
Similitude. tre luy & fes fainƈtz. Il t'aduient certainement comme aux petits enfans
qui crachent vers le ciel, & toft font
fouillez & gaftez de leurs crachatz,
tombans fur leurs faces, & ne font
quelque fouilleure au ciel. Pareillement ta mefdifance eshontée, n'ap-
proche iufques à Dieu & fes efleuz,
& ne leur meffait en rien, mais à toy
elle

elle apporte vne note d'ignominie
& deshonneur, laquelle tu ne pour-
rois lauer: car de ce aduient que de- *Ce qu'il ad-*
uiēt aux hō
laiſſât Dieu, tu es laiſſé à toymeſmes, *mes qui de-*
laiſſēt Dieu,
& t'abandonne à toute mauuaitié. *telz que ſōt*
les hereti-
Car oubliant Dieu & toymeſmes tu *ques.*
te trouue hebeté & brutal, faiſant des
cas qui ſont du tout contraires & re-
pugnans à la nature de l'homme.

Ainſi l'a iugé de toy & tes ſemblables l'Apoſtre, quâd il dict, Comme *Rom.1.1.*
ilz n'ont tenu compte de cognoiſtre
Dieu, ainſi les a Dieu abandonnez,
iuſques là, qu'ilz ſont trebuchez en
ſes reprouués, pour faire choſes qui
n'eſtoyent licites: eſtans remplis de
toute iniuſtice, paillardiſe, malice, a-
uarice, mauluaiſtié, &c. Toutes leſquelles choſes, & encores plus execrables, il eſt de neceſsité aduenir en
voz aſſemblées ſatanicques: Eſquelles apres le ſermon plein de blaſphe-

mes,& ceste cene abominable on e-
ftainct les lumieres, pour vacquer à
luxure & intemperáce, chafcun in-
differemment, foy prenát à celuy ou
celle que premier il rencótre . Et qui
feroit celuy qui ne fe perfuaderoit fa
cillement en vn tant grád brafier de
libidinofité, en tant obfcures tenebres,en tant gráde impunité & liber
té de mal faire, fe cómectre plufieurs
chofes contre raifon & ordonnance
naturelle ? Et fe donner lieu aux a-
mours deprauez& deteftable peché
de Sodomites?

Voyla que c'eft d'auoir laiffé Dieu

Luc.15. & fon eglife. L'adolefcent prodigue
& mal cófeillé fe retire de la maifon
de fon pere, & faccointant de paillar
des & mauuaife compagnie, difsipe

Genef.34. tous fes biens. Dyna fille du Patriar-
che Iacob, par curiofité & couuoiti-
fe de veoir chofes nouuelles, efchap-

pa

pa de la maiſon de ſon pere, pour regarder les danſes de la nation eſtran gere, & elle fut rauie de Sichen, le fils de Emor : non ſans grand dueil & courroux de ſes parens. La brebis rógneuſe ſ'eſlongnáte de la bergerie & du tropeau, tóbe ſoudain en la gueule du loup. Merueille n'eſt donc, ſi apres que tu es ſubſtraiⅽt de l'obediéce de Ieſuſchriſt, & de Sainⅽt Pierre, tu te trouue incótinent es griffes du lion infernal. Vois doncques & co- *Hiere. 2.* gnois, quel malheur & quelle amertume c'eſt pour toy, d'auoir ainſi delaiſſé ton Dieu, & ton ſeigneur : & la crainⅽte de luy ne demourer auec toy. Si l'homme à offenſé ſon pro- *1. Reg. 2.* chain, il pourra appaiſer Dieu : Que ſi ſon peché eſt dire ⅽtement contre Dieu, qui ſe oſera ingerer de prier pour luy.

De cette eſpece de peché, ſe peult

aufsi entédre ce que dict Iefufchrift:
Matth.12. Tous pechez & blafphemes feront
remis & pardónez à l'homme, mais
l'efprit de blafpheme ne fera point
remis. Et quicóques dira propoz aucuns contre le filz de l'homme, il luy
fera pardonné, mais qui en dira contre le Sainct Efprit, il ne luy fera pardonné, ny en ce fiecle, ny en celuy
qui eft à venir. Dont appert manife-
ftement, que comme ainfi foit qu'il
ya deux manieres de pechez, & que
les vns d'icculx font vers les hommes, & autres creatures, les autres di-
rectement contre Dieu : iceulx entre tous font trefgriefz qui fe dref-
Herefie de fent immediatement contre la ma-
combien eft ieſté diuine. Entre lefquelz toutef-
à Dieu. fois herefie & blafpheme tiennent le
premier lieu: lefquelles Dieu le createur a en fi grand haine, que pour
raifon d'icelles, il a permis la ville de
Hierufa-

Hieruſalem & ce tant excellent tem
ple de Salomon, eſtre pillée & raſée:
cóme le teſmoigne & deſcript Eſaie, *Eſa.3.*
diſant: Hieruſalem eſt ruinée, & Iu-
das tresbuché, pour autant que leurs
langues & leurs eſtudes eſtoyent a-
lencótre du Seigneur, à prouocquer
& irriter les yeulx de ſa maieſté.

*Venons à lamplification & * eſtendue
de ce crime, & au denóbrement des
maulx qui s'en enſuyuent. La foy &
religion des Chreſtiens (comme lon *En quoy có-*
peult apperceuoir des eſcriptures) *ſiſte la foy & religion*
conſiſte & s'appuye en choſes qui *des Chre-*
nous ſont reuelées & declarées de *ſtiens.*
Dieu: & pourtant cótient & embraſ-
ſe pluſieurs propoz, ſi non aduerſaires & repugnántz, certes fort eſtran-
ges aux ſens & iugemens charnelz,
dont aduient que la plus part des hó
mes (qui eſt plus adonnée à la chair
que à l'eſprit) par curioſité, qui eſt a-

. C

moureuſe & couuoiteuſe de choſes nouuelles, preſte l'oreille de legier aux heretiques, tresfins cauillateurs, & deſguiſeurs des eſcriptures. Leſquels heretiques,leurs propoſans,cō me il leur ſemble,choſes que lon cognoiſt à l'œil,& par experience,ſans grande difficulté les deſtournent de la foy des bons peres anciens: & petit à petit, ſoubz pretexte de verité, leurs preſchent & perſuadent leurs erreurs: principallement aux populaires, & gens qui ſont adonnez au ventre & à leurs plaiſirs: auec peu de gens de lettres,leſquelz du commen cement adonnez aux lettres d'huma nité,& apres oultrepaſſant leurs bor nes & limites,ſe ſōt voulu entremettre de cognoiſtre & enquerre les hau tains & cachez myſteres de noſtre foy:nonobſtant que l'eſcripture ſou uent deffend aux hommes,ne preſumer

Qui ſont ceux qui facilemēt ſont ſeduiſts par les hereti- ques, & cō- ment.

Pſal. 130.

mer de leurs esprits, & n'attenter sur
choses grandes, passant leurs esprits.
Principallement l'Ecclesiastique par
ceste sentence: N'enquiers curieuse- *Eccles.3.*
ment les choses qui surmontent ton
esprit, & ne cherche experience des
choses qui passent ta puissance: mais
aye tousiours deuant tes yeulx les có
mandemés de Dieu: Et en plusieurs *L'homme
ne doibt e-
stre trop cu-
rieux, s'en-
querir des
choses qui
passent son
esprit.*
de ses œuures ne sois curieux: car il
ne t'est necessaire auoir experiéce &
cognoistre à l'œil de ces choses ab-
struses & cachées: mesmement veu
que tu ne peulx comprendre ny entendre parfaictement les choses que
tu cognois sensiblement. Et beaucoup de gés pour doubte & soufpe-
çon, qu'ilz ont eu de la verité d'icelles, se sont scandalizez & ont erré.Et
en aultre lieu: Tout ainsi que celuy *Prou.15.*
qui mánge beaucoup de miel, se treu-
ue greué de l'estomach: cestuy aussi
C ij

qui eſt trop grand ſcrutateur des ſe-
cretz du createur, ſe trouue opprimé
de la gloire & excellence d'iceulx.

Ainſi ſe ſõt trouuez noz tenebriós
& eſcolliers de la nuiƈt, opprimez de
la gloire d'icelle diſcipline celeſte: &
D'ou vient fuyãs la ſplendeur de la verité, ſe ſont
que plu- adónez à ſuyure les ciſternes & ronſ-
ſieurs gens
lettrez tom- ſiés des leçons & preceptiõs humai-
bent en er-
reur & he- nes: ſeſtudiãs plus à parler pompeu-
reſie. ſement, & former leurs langues, que
à reformer leurs mœurs : & tirer le
vray ſens des eſcriptures. Puis apres
enyurez du calice de ceſte Babylon-
ne confuſe de toute varieté d'opi-
nion, laiſſãt les eſtudes de leurs propres profeſsions, ſe ſont retirez çà &
la, ou leur appetit deſordonné les at-
tiroit : mettans la faucille aux bledz
d'aultruy (affin de troũuer viandes à
leurs gouſt) ſe ſont applicquez à reti-
rertant du viel que du nouueau te-
ſtament

ſtament,toutes ſentences, leſquelles
ou par ambiguité de leçon, ou varieté d'interpretation, ou different d'o-
pinion, ilz ont iugé pouuoir venir en
diſpute & cauillation.

De ces choſes ainſi ſongneuſemét
recueillies, s'efforcent pour ce iour-
d'huy côfirmer leurs erreurs. Quelles choſes faiſans, reſemblent fort biē
aux eſcarbotz : qui delaiſſans les bô-
nes fleurs & herbes odoriferátes des
champs, ſ'occupent à fouiller & ren-
uerſer les fanges & fientes qui ſont
parmy les chemins. Ou bien aux arrignées, qui tiennent leurs venins &
poiſons des meſmes fleurs bónes &
doulces, dont la mouſche tire ſon
miel : à l'imitation deſquelz ceulx icy
ce qu'ils vſurpent & ameinét en pra-
tique des eſcriptures, par leyr malice
ils le tournét en lie & riaga: côbien q̃
les eſcriptures n'ayent rien feculent

*Les hereti-
ques ſem-
blables aux
eſcarbotz et
arrignées.*

C iij

Pourquoy quelques fois les here tiques citêt l'escripture d'propos.

Lucretius.

ou venimeux. Si d'auenture ils pro-
duisent à droict quelque saine sentence d'escriture, ilz le font par vne
maniere de fart, pour celer & cacher
leurs tromperies. Faisant en ce, comme les medecins & apothicaires, lesquelz voulàs bailler aux ieusnes enfans quelque reubarbe ou medecine
amere, ont coustume oindre de miel
les bors du gobelet: affin de cacher &
dissimuler l'amertume.

Vsant doncques en ceste manie-
re des escriptures (lesquelles ils ne ci-
tent le plus du têps entierement, ny
à leur propre intelligéce) auec quelques raisons fondées sur les sens cor-
porelz, s'efforcêt noz faulx prophetes & disciples de l'Antechrist, con-
fermer, ou pl⁹ tost, couurir leurs propoz: attirans gens charnelz & lubri-
ques à consentir promptement à ceste nouuelle doctrine, q̃ meine l'hóme

me en vne liberté charnelle, ou pour
mieulx dire qui le iette & precipite
en vne mer de tous vices & deshon-
neurs. Et neantmoins l'Apoſtre crie
à l'encontre de ces libertins, parlant
aux Galathiens: Vous eſtes appellez *Galat.5.*
en vne franchiſe & liberté : gardez
vous ſeullement de ne cháger voſtro
liberté en occaſion de charnalité.
Ces miſerables icy de noſtre temps, *Couſtume*
munis de telz dardz & armeures, eſ- *de faire des*
heretiques,
guiſent leurs langues d'vn parler gra *au commē-*
cemēt qu'ils
cieux. Du commencement ſ'efforcēt *veullent ſe-*
mer leur do-
abolir & deſtruire les ceremonies do *ctrine.*
l'egliſe & traditions des anciens, es
bácquetz & aſſemblées de femmes:
eſquelles ſouuétesfois ils ſe trouuét.
Puis ſe mettent à pincer & eſgrati-
gner la ſaincteté & verité des Sacremens. Et paſſant plus oultre, reuoc-
quent en doubte l'authorité des eſcriptures canonicques, des ſainctz
C iiij

conciles, & finablement, la puiſſance du Pape: auec l'ordre hierarchi-
que de l'egliſe catholique . Icy ſeſ-
lieue vn nouueau Chá, lequel plein
de irreuerence & malice, vient à deſ-
couurir non deuant vn ou deux, có-

Geneſ. 9. me ce viel Chá, filz de Noë, mais pu
blicquement preſchant à tous ce qui
eſtoit couuert: Et faiĉt vn grãd amas
des faultes, abus & mal-uerſatiós des
Eccleſiaſticques (leſquelz iournelle-
mẽt auec chauldes larmes nous de-
plorons) ſuyuãt quelz propoz il per-
ſuade & crie qu'il ſeroit tresbon chã-
ger le gouuernement de l'egliſe, &
ceſt ordre ancien, auquel ſe trouuent
tant d'abus.

Ruze des he
retiques ſe
voyans re-
pris en com
pagnée. S'ilz voyent que quelqu'vn de la
compagnie ſe ſoit refrongné, & deſ-
pleu, en telz propoz , les finetz, ſoudain fabriquent leurs excuſes, aſſeu-
rans que ce qu'ilz ont dit pendant le
feſtin

feſtin,eſtoit pour aprédre &ſ'enquerir des afsiſtans, ou bien diſent auoir
ſeullement recité les queſtions & argumens,leſquelz quelque foys leurs
auoyent eſté faictz:non pas que telle
ſoit leur opinió. Mais s'ilz appercoi-
uent quelque femmelette,ou ſimple
idiot,q ayt prins gouſt à leurs parolles,allors s'efforcét, auec grád ſoing
les entretenir & nourrir en leurs doctrine:& gaignant petit à petit leurs
familiaritez,leurs fót les careſſes dia-
boliques,les appellans & nommans
leurs freres en Ieſuſchriſt, leurs ap-
plaudiſſent & congratulent,iectant
leurs venimeuſe doctrine par le menu,leurs baillent des rudimens nouueaux, catechiſmes, & inſtitutions
elaborées,pour entrée & bonne eſtime de ceſte amitié recente. Finable-
blement pour plus les promouuoir
& auácer,les meinét par la main aux

Façon de faire des be retique a- pres auoir ſeduit quel- que ſimple homme ou femme.

princes de leurs aſſéblées & factions: qui les adoptent & reçoiuent comme nouices & aprentis. O fraternité mal-heureuſe, ô mauldite familiarité, par laquelle ainſi l'homme laiſſe Dieu, & ſon ſalut : & ſen va à perdition, prenant alliance à ces diables. Par meſme façon, la miſerable Eue pendāt qu'elle preſta l'aureille, & eſcouta ces langues ſerpentines & venimeuſes , ſe trouua empoiſonnée. Ainſi Abel (c'eſt à dire l'hóme lequel eſt ſimple & iouuenceau) tādis qu'il fuyt à trauers champs par les deſertz & foreſtz, ſon frere Cain delaiſſant le chemin ancié, & voye royale, qui eſt bien ſeure & certaine, eſt de coups de maſſüe trop pl⁹ miſerablement occis en ſon ame, que ne fut le viel Abel en ſon corps. Et neantmoins que ces gens fins & cautelleux facent toutes ces ruſes clandeſtinement & en cachette,

Les heretiques diſſimulent & font bonne pipée deuāt les Catholiques.

chette, ſi eſt ce que deuant ceulx qui
ſont arreſtez fideles & catholicques,
diſsimulent ſagement, & veullent e-
ſtré tenuz & reputez pour bós Chreſtiens: encore qu'ilz ne ſoyent meilleurs que Satan, à l'exemple duquel,
ilz ſe transfigurent en ange de lumiere.

Par telle ſimulation & hypocriſie
ſe ſont du cómencement eſpars par
les angletz des villes & prouinces: &
du depuis leurs ſectes accroiſſantes,
ont gaigné preſque tout le pais de *Pourquoy*
Saxe & Boëſme, Geneue, Lauzanne, *auiourdhuy*
& pluſieurs autres villes de Suiſſes. *ya peu de villes exé-*
Et maintenant peu ſe trouuent de ci *ptes d'here-*
tez en Italie, Germanie, Angleterre, *ſie.*
& (ce q̃ ie dictz enuy) en noſtre païs
de France, auſquelles (ſi elle ſont de
renom mediocre) ne ſoit venue ceſte
mauldicte furie infernalle: qui gaſte
tout de ſon venim: tát ſommes nous

facilles & procliues à mal plus qu'a
bien.

Telle propagation & accroisse-
ment de mauluaise doctrine, descri-
2. Timot. 2. uant Sainct Paul dit, parlât à Timo-
thée son disciple : Fuys parolles pro-
phanes, & babil inutile: car ilz auan-
cent à impieté, & s'espandent leurs
dictz comme cancre. Et donc quelle
merueille, si auiourd'huy toute mau
uaitié & impieté, tous erreurs & propoz d'infidelité, se pouruignent &
nourrissent, quand partout pays les
heretiques ont leurs liures & libraires, leurs academies, professeurs &
prescheurs? Ce qui nous aduient partie par tepidité de foy, partie par fol-
le crainte de sedition & commotion
populaire: partie aussi, par negligence, pusillanimité & nonchaláce des
prelatz, iuges & gouuerneurs du peu
ple, qui tollerent & endurét les choses

ſes ſuſdictes. Toutes leſquelles, chaſcun facilemét peult cognoiſtre eſtre
pernicieuſes & nuyſibles au corps de
la republicque, qui tiendra pour fer-
me que la religion eſt le premier & *La religion*
principal fondement de toutes po- *eſt le pre-*
lices: & que par icelle, les bourgeois *mier fonde-*
& habitans ſont plus liez & vniz en- *te police.*
ſemble, q̃ par leurs traficques de mar
chandiſe, cõmunication de loix, ou
autre ſocieté ciuile. Car ſi to⁹ decrets,
loix, ordonnances, & couſtumes po
litiques retiennent quelque choſe de
iuſtice & equité, ilz le tiennent & ti-
rent de ceſte fontaine de pieté & religion: En ſorte, q̃ iamais on ne peult
eſtablir vne republique, quelle n'ayt
ſa religion preſcripte, ſoit vraye ou
faulſe & ſimulée: en laquelle doiuét
conuenir & eſtre d'accord, tous les
membres & ſuppoſtz.
Et pourtant on voit ordinairemét

aduenir, que iamais n'y à plus grand
trouble ou tēpeſte en la republique,
que quand il y ſuruient quelque ſciſme ou diſſention, concernāt le faict
de la religion: Car, comme ainſi ſoit
que en matiere de larcin, iniures, mu
tilation & playes corporelles, chaſcū
ſe puiſſe deporter de pourſuyure &
quitter ſa partie : en ce crime ſeulle-
mēt, il ne luy eſt loyſible cedder, ſans
offenſer Dieu: ains fault tenir bon, &
(iouxte le prouerbe) debattre comme pour Dieu & ſon foyer. Et au cas
qu'aucun preſumaſt contreuenir en
quelque ſorte ou maniere que ce ſoit
à la religion, ou aux ceremonies des
anciés peres, ne fault permettre qu'il
en eſchappe impuny: affin que la republique ne vienne à decheoir : vn
chaſcun ſe propoſant particuliere ſu
perſtition & nouuelle maniere de ſeʳ
uir à Dieu. Et telle perſeueráce & en-
trete-

Scifme & changemet de religion, eſt le plus grand trou- ble d'vne republique.

ɇ

tretenement de pieté, combié qu'elle soit naifue & couftumiere à toutes nations, doibt fans doubte auoir lieu principallement entre les Chreftiés: aufquelz tous les myfteres de leurs foy, ont des long temps efté confermez par argumens trefclers & euidens : approuuez par innumerables miracles, proteftez par les pafsiós & fouffrances admirables des Sainctz martyrs: Mais fur tous entre les Fran çois : defquelz les roys ont toufiours efté obferuateurs & propugnateurs, fort ftudieux de la pieté & religion Chreftienne: tellement que du commun accord de tout le móde, ils font nommez Princes trefchreftiens. Par la diligéce & bó zele, & defquelz cóme i'eftime, eft aduenu (ce que Saict Hierofme afferme) que iufques au temps de Iouiniá, ne f'eft trouué vn heretique François.

Les roys de France ont toufiours efté tuteurs de la religió Chreftiéne.

Iouiniá premier hereti que François.

En commemoration duquel paſ-
fage, O benoiſtz Sainctz, vrays tuteurs & protecteurs de la prouince
Gallicane, ie vous reclame & appelle en ayde:Principallement vo⁹ mó-
ſieur Saíct Denis,pere & Apoſtre des
Fráçois, qui au commandement de
Sainct Pierre & Sainct Clement,de-
laiſſant la Grece & Italie,eſtes venus
auec voz ſainctz diſciples, Ruſtique
& Eleuthere,iuſques à la celebre vil-

Sainct De- le de Paris: ou vous auez mis les pre-
nis eſt le pre
mier qui à mieres plátes de la foy Chreſtienne:
plãté la foy
à Paris. & icelles auez arrouſées de voſtre pro
pre ſang. Vous S. Charles le grand,
dict Charlemagne, qui en toutes ſor
tes auez áplifié les bornes de la Chre
ſtienté, dechaſſant de toutes pars les
Turcs auec force d'armes. Vous S.
Loys, duquel l'integrité & conſtance de foy, à tãt bien cóprimé la verité du corps & ſang precieux de Ieſuchriſt

chriſt au Sainᵈt ſacremēt de l'autel.
Vous madame ſainᵈte Geneuieſue,
& tous autres ſainᵈtz & ſainᵈtes, qui
autresfois auez eſté nourriz en ce
pais : Faiᵈtes ie vous ſupplie par voſtre intercefsió vers Dieu le createur,
que ce royaulme ſoit repurgé de toute infeᵈtió, de ſciſme & erreur, & que
il perſeuere en icelle perfeᵈtion de
foy & ſainᵈteté, en laquelle vous l'a-
uez laiſſé, quand auez eſté appellez
de Dieu.

L'egliſe des Grecz du commencement eſtoit vnanime & d'vn meſme ſentiment auec l'egliſe Romaine: & tant que ceſte paix à duré, elle
à profité & creu en tous biens, vertus
& honneurs, auec tranquillité nom-
pareille : Mais depuis qu'elle à donné lieu aux zizanies & mauluaiſes ſe-
mence de diſcorde, depuis que ſuy-
uant ſon propre ſens elle à preſumé

Commence ment de l'af fliᵈtion de l'egliſe grec que.

D

d'vn cœur obſtiné ſe gouuerner par
ſoy-meſmes, choyſiſſant nouuelles
obſeruatiós & ceremonies, pour ſoy
mieulx ſeparer de l'accointance de ſa
bonne ſœur, ſoubdain à comméçé à
ſ'armer contre ſoy-meſme,à eſtre affligée & vexée de diuerſes ſeditions :
Et finablement par guerre des nations eſtrangeres, à eſté conſumée &
eſtainɗe auec deſolation ſi grande
qu'on ne pourroit narrer ny ſonger.

L'office des Roys Chre-ſtiens,& ce dôt premie-rement ilz doibuent e-ſtre curieux
Par l'aduerſité de laquelle, ô roys
& princes Chreſtiens, nous deuons
eſtre tous admóneſtez de viure d'vn
meſme conſentement auec bonne
paix & accord,es choſes qui concer-
nent la foy, l'hóneur de Dieu, & des
ſainɗz , & generalement en pleine
obſeruation & obeiſſance de l'egliſe.
Car il eſt à craindre , ſi nous perſeue-
rons à nourrir telles curioſitez , &
nous adonnons à ceſte varieté d'opi-
nion,

nion, mesdifans & mordans l'vn &
l'autre, q̃ nous ne no⁹ confumiós : & *Galat.5.*
q̃ finablemét noftre eglife foit pdue
annichillée comme la fufdicte. Ou
bien qu'elle ne vienne en confufion
& defolation pareille, que les efcriptures recitét eftre furuenüe aux peuples de Iuda, & d'Ifraël, lefquels pour *Aduertif-*
mefmes crimes, mais en fuccefsió de *fement aux Roys &*
temps, (Dieu vengeant fon honneur *Princes Chreftiens.*
& puniffant leurs idolatrerie) ont e-
fté domptez de leurs aduerfaires, &
menez captifz en Niniue & Babi-
lone.

A la mienne volunté q̃ tous Chreftiens auiourd'huy auecmoy poifaf-
fent fongneufement ces affaires, &
cogneuflent que iaçoit que depuis le
téps des Apoftres, l'eglife aye eu plu- *L'eglife n'a*
fieurs fouffrances & perfecutions, ia- *iamais eu plus grans*
mais n'a efté tant affligée des Turcs, *ennemis que*
Iuifz, Sarrafins, Payens, & tirás, com *les hereti-*
ques.

D ij

me des heretiques & apoftatz : defquelz vn chafcun (qui fe delecte à lire diuerfes hiftoires) pourra facilement apperceuoir les effors, troubles
& commotions : des forfaitz & per-
nicieufes factions de Iulian l'Apo-
ftat, Arrien, Manichée, Donat, Mar-
cion, Faufte, Vigilance, Iouinian, les
Pauures de Lyon, les Templiers, les
Hufsites , Boëfmes, & Lutheriens.
Defquelz l'obftiné & endurcy cou-
rage, à tant faict de peine & caufé tãt
de ducil & d'ennuys aux vrays enfãs
legitimes de noftre mere l'eglife (car
ie me tais des pertes du bien tempo-
rel) que iamais n'eurent plus à fouf-
Qui eft l'en- frir par le glaiue des infideles . En
nemy plus
dangereux. quoy nous experimentós veritablement , qu'il n'y a ennemy pl⁹ capital,
pernicieux, & dangereux, que celuy
qui eft familier & domeftique.
   Vous auez apperçeu *Sire*, vous a-
uez

uez apperçeu, (& ne pouuez le nier,
ou difsimuler) combien apportent
d'empefchemens à vne republicque
les confpirations des heretiques: car
l'an paflé, quand chofes vrgentes à ·1517·
ce vous mouuans, vous faifiez faire
móftre & reueües des meftiers de vo
ftre ville de Paris en armes, pour d'i-
ceulx vous aider, fi befoing eftoit, à
repoulfer vos ennemis des limites de
la Picardie : efquelles ilz feftoyent
efpanduz : ces mefchãs, la nuiĉt pre-
cedente des monftres, faffemblerent
en gros nóbre, en la maifon de mauuais confeil: pour laquelle chofe faire, voz iuges & affefleurs le cognoif-
fent mais à ce que puis entédre, leur
principalle intention eftoit, apres a-
uoir faiĉt leur tintamarre & follies,
iurer & confpirer contre voftre couronne & la republicque Frãçoife: car
de ces chofes ont femé placars & li-

belles pleins de menaſſes, iuſques à
voſtre palais. Et ceſte année de lan
mil cinq cens cinquante-huyt, au
meſmes temps que les armées ſ'appre
ſtoyent d'vne part & d'autre pour có
battre, ont faict nouuelle aſſemblée
à Paris, non dedans les maiſons, ny
par nuict en cachette(cóme au para-
uát)maisen pleine campaigne, & en
plein iour, & (affin que nul ſigne de
inimitié ne fut obmis) auec compagnée armée, & authorité de grans &
Danger des puiſſans ſeigneurs. Qui euſt eſté icy
Pariſiens en le bon bourgeois qui euſt eſté aſſeu-
l'an 1557, ré? bataille ſe preparoit aux champs,
& 1558.
tout en la ville trébloit de craincte,
l'ennemy nous preſſoit, courát & pil
lát le pays: Et en la ville princeſſe du
royaulme, vn plus mauuais ennemy
ſe pourmenoit, naurant & infeſtant
la republicque, par ſes coniurations:
tellement qu'il n'eſtoit facille en telle

le perplexité, ny à vous, ny à voſtre
conſeil, diſcerner ſi deuiez courir ſuz
à voz aduerſaires, ou eſtendre & ap-
plicquer voſtre puiſſance à dompter
& punir les heretiques & conſpira-
teurs. Maintenant (ſi i'ay bien enten-
du) apres qu'ilz ont cogneu voſtre
maieſté royalle eſtre offenſée de telles inſolences, ſe ſont retirez es cauer
nes, foreſtz, & lieux couuers, ou ilz
font leurs ſabats, & cene diabolique,
reuocans des enfers les ſuperſtitions
des idolatres anciens: ſeront finablement brigans & guetteurs des chemins, volleurs & meurdriers des catholicques & bós marchás. Car met-
tant les gens de bien à mort, iceulx ſe   *Vie & opi-*
reputét faire choſe agreable à Dieu,   *nion des he-*
retiques d'au
quientre eulx penſent qu'il y ayt vn   *iourd'huy.*
Dieu.
    Encores nous ſuruient accroiſſe-
ment de noz maulx, en ce qu'entre
            D iiij

no⁹ Chreſtiens auons euadé, & iour-
nellement euadons les extortions &
iniures des eſtrangers, ou par victoire, ou par fuitte, ou par quelque effu-
ſion de ſang eſpádu pour noſtre foy,
paruenans à la couronne de marty-
re : icy ne pouós euader p̃ tel moyés:
Car nous ne les cognoiſſons certainement, pour les euiter & dechaſſer,
ou dompter par faicts d'armes : & l'e-
gliſe qui n'a couſtume honorer du
tiltre de martyr ceulx qui ſont occis
par les heretiques, encore qu'ilz en
soyent dignes. Oultreplus, ce mal eſt

*Pourquoy
eſt auiour-
d'huy here-
ſie tãt com-
mune en
tout païs.*

tant vigoureux, & quaſi inextermi-
nable, à raiſon de la multiplication
des ſectes, & gens factiónaires, leurs
fauoriſans, (leſquels combien qu'en
pluſieurs propoz ilz ſoyent appoin-
ctes à contraire, conſpirét & ſ'accor-
dent tous à faire deſplaiſir aux fideles) que quát les princes auiourd'huy
ſeſtor-

s'efforcent l'exterminer, n'en viennent point à chef, comme ilz voul-
droyent : ains leurs aduient le pareil
que iadis il aduint à Hercules, lors q̃
il combatoit Hydra le ferpent : c'eft
qu'apres auoir executé & occis quelques-vns, il en apparoift plufieurs:
lefquelz nul, & fuffe Sainct Paul, ne
pourroit conuaincre: ou par raifon,
ou par authorité d'efcriptures. Car,
comme dict fainct Bernard, ilz n'en- *S. Bernard.*
tendent les raifons, & partāt ne peuuent eftre par raifon conuaincuz:ilz
ne peuuét aufsi eftre reduictz par authorité, car ilz ne les reçoiuent ou tiennent pour bonnes: ilz ne peuuent
finablement eftre retirez par fuafiós
& remonftráces, car ilz font du tout
fubuertiz & obftinez. Ce qui ne doit
fembler trop nouueau : entát qu'entre ces œuures admirables de Dieu,
le fage Salomon nous propofe à cõ- *Ecclef.7.*

siderer, que depuis qu'vne personne
est delaissé de Dieu,il est du tout in-
corrigible. Et pourtāt no⁹ est à droicte cause deffēdu par la doctrine des
Apostres,les receuoir ou honorer ius
ques les saluer par les rues : & nous
est commandé du tout les fuir,apres
vne & deux correptions.Il falloit du
commencement les punir auec bonne seuerité, affin d'empescher que le
nombre accreust. Maintenant nous
portons la peine de nostre noncha-
lance & negligence:quād ainsi nous
experimentons ces meschās,soy con
fians en leurs multitude, nous estre
restifz & rebelles: & troubler l'ordre
politicque, menassant les princes &
les iuges par leurs placars, & libelles
diffamatoires.

Pensez icy,Roy treschrestien, pen-
sez, & reduysez en memoire combiē
Italie a esté vexée des Gotz , & des
Vauldois,

Pourquoy doit le Chrestien fuir l'heretique. 2.Ioan.1. Tit. 3.

Le mal auquel nous somes, pour n'auoir puny les heretiques du commence-ment.

Vauldois, combien les Milannois &
le païs de Narbone ont enduré pour
les Turlupins & pauures de Lyon,
Combien toute l'Afie des Arriens:
Bohemes, des Hufsites. Et de noz
temps, la Germanie, Lorraine & Angleterre des Lutheriens: Et ce confi-
derans, aprenez plus toft du peril de
aultruy, que de voftre calamité, que
ces gens nebuleux & enfarinez ont
toufiours efté ennemys mortelz aux *Heretiques*
Roys & grans feigneurs (iaçoit que *ont tou-*
du commencement ilz facent fem- *jours efté*
ennemis des
blât de leurs fauorifer) & ont fouuét *Roys &*
par leurs faulfes doctrines incité les *princes chre*
fubiectz d'eulx mettre en liberté, & *fliens.*
delaiffer les obeiffances & recognoif
fances, mefmement les tributz dont
ilz font redeuables à leurs maiftres
& feigneurs. Ces chofes bien penfées
& pefées, affin que ne veniez en pareil incóuenient, vo⁹ conuient d'un

zele feruent, & d'vne ardeur de deuotion entendre à garder icelle pieté
qui vous eft hereditaire, de la fuccef-
fion de vos maieurs: & faire apprehé-
der par vos preuoftz & fergens ces re
gnardeaux, qui gaftent les vignes de
Iefuchrift. Ne permettez les Athei-
ftes & blafphemateurs viure en voftre royaume, ains faictes-les brufler,
ou bien faictes-les lapider par le populaire : à l'imitation du Sainct prophete Moyfe, lequel n'ayant eftably
au parauāt aucune loy, pour les blafphemes (péfant comme i'eftime que
iamais vn homme ne deuieroit tant
de raifon, qu'il luy aduint de blafphe
mer le nom de Dieu) feift emprifon-
ner le blafphemateur, en attendāt le
iugement de Dieu: Qui luy commā-
da depuis ieĉter ce miferable hors de
fon cāp, & le faire lapider par tout le
peuple. Ce que iuftemēt fe pourroit
auſsi

Leuit.24.

aufsi ordonner pour les Heretiques:
car ilz font blafphemateurs, ou pires
que blafphemateurs. Nous cognoif-
fons par le difcours des efcriptures, q̄
fouuent Dieu fe courrouffe contre le
peuple, pour raifon des blafphemes,
à enuoyé en terre, pefte, guerres, & fte
rilité de bien: Et pourtant ce Blafphe
mateur à iufte caufe fut deiecté hors
de la multitude, laquelle il gaftoit: &
eft iuftemét lapidé du peuple, pour-
ce qu'il eftoit peftilentieux & conta-
gieux à toute la troupe.

I'apperçoy que defia quafi, comme fans y penfer, nous auós antafmé
cefte partie de noftre oraifon, en laquelle nous auions promis defduyre
par quelz moyens fe pourrōt principallement extirper les herefies, à la
pourfuyte duquel article, O roy tref-
clement & ferain, vueillez noꝰ ayder (comme auez faict iufques à pre-

sent, de voſtre attention & beneuo-
lence. Or ainſi comme aux valetudi-
naires, maladifz, aux mutilez & de-
plourez, les medecins & Chirrurgi-
ens ont ſoing d'aduiſer moyens, par
leſquelz ilz pourront guerir, auec
moins de douleur: les Chreſtiés auſsi
ſe doibuët efforcer, corriger & reduire les Heretiques, auec la plus petite
perte, tāt de leur bon renom, que des
biens de fortune, que faire ſe peult,
Auguſt. e- Car (dict Saīct Auguſtin) Qui voul-
piſt.50. droit entre les Chreſtiens l'vn d'eulx
non ſeullement eſtre puny, mais per-
dre aucune choſe de ſes biens? mais ſi
la maiſon de Dauid n'a peu eſtre pai-
ſible & tranquille, ſinon par la mort
2.Reg.18. du peruers Abſalon, qui ſ'eſtoit armé
contre ſon pere, (combien que par ſa
·clemence & bonté il euſt commandé que ce leger & mal conſeillé ado-
leſcent, luy fuſt gardé vif) N'eſtimez
vous

vous point q̃ l'eglife fe gouuerne par
iugementz droicturiers, quand par
le fupplice de peu de gens obftinez,
qui par leurs obftination & mauuaife deftinée fe prefentent à la mort, elle procure & gaigne le repos de tous
fes enfans? Mefmement quand Dieu
le createur (auquel il fault deferer q̃
à tous cófcilz humains) femble nous
l'auoir ainfi commandé. Chan fils *Iofue 7.*
de Charmy auoit defrobbé quelques
hardes de la defpouille de Hiericho,
que Dieu auoit commandé du tout
eftre redigée en cendre : Duquel larcin Dieu fut offenfé & irrité, en forte
qu'il permettoit fon peuple eftre ba-
ftu & mis en roupte par fes ennemis.
Le facrilege eft en parfin cogneu, &
puny en fó autheur, fes domeftiques
& fa poffefsion, par feu, & grás coups
de pierres. A l'exemple & imitation
de quoy, perfonne ne doibt au iour-

d'huy trouuer trop dur ou rigoureux
entre les Chreſtiens, ſi on bruſle les
heretiques:Leſquelz auſsi par vne au
dace & preſumption execrable, en
tât qu'ils peuuêt, oſtêt à Dieu & aux
benoiſtz Sainſts leurs gloire,gaſtans
& troublãs la religion par tous pays:
meſmement qu'il ſemble que Ieſuchriſt ayt deputé ceſte peine pour
leur punition,diſant en Sainſt Iean:

Ioan. 15. Si quelqu'vn ſe retire de moy, & ne
demeure en moy, il ſera debouté, &
comme le ſermêt coppé de la vigne,
il ſeichera: puis on le cueillera, & le
mettra on au feu pour bruſler. En ceſte façõ de toute ancienneté iuſques
à preſent, les Heretiques ont eſté re-
ſcindez & coppez de l'egliſe par ex-
communications,puis apreſont eſté
apprehendez par les gens de iuſtice,
du bras ſeculier, & mis au feu : comme gens nuyſibles, peſtilentieux , &
capi-

capitaulx ennemis de la republique.
Choré, Dathan, & Abiron, auec sei- Numer.16.
ze mil hómes de leurs factions, pour
la rebellion & contradiction qu'ilz
auoyent faict à Moyse & à Aaron ne
furent ilz point en partie engloutiz
de la terre, & en partie du feu de l'ire
de Dieu? D'abondant, Dieu com- Deuter. 13.
mande estroictement que ceulx qui
veullent changer ou innouer la religion, & fussent ilz propheres, soyent
occis & exterminez. Ce qu'il cóman
de tát estroictement, qu'il veult que
le pere en tel cas ne pardonne à son
filz, le mary à sa femme, l'amy à son
amy. Garde toy (dict il) que ton œil
soit esmeu de pitié sur telle persône,
& que tu le vienne à celer ou cacher.
mais tu l'accuseras & iecteras la premiere pierre, & apres toy tout le peuple le lapidera. Mesmement il com-
mande expressement que les citez &
E

communaultez lefquelles fe trouue-
ront eftre reuoltées & retirées de fa
foy & fa loy, foyét rafées, mifes à fac,
& bruflées. Et apres tát certains & ap
parés tefmoignages, ce iourd'huy on
demáde lieu d'efcripture, par lequel
il foit declaré qu'il eft conuenable de
brufler les heretiques? Mais en quelle
ville ou cité, gens folz & efceruellez
rameinent ce propoz en difpute? En
celle certainement qui à veu, il n'ya
point long temps, le feu de Eftienne
Dolet, Augereaux, du Paralitique, &
de Iean Berquin. Et perfóne ne peult
ignorer de quel fupplice furent punis (pendát que fe tenoit le Sainct có
Concile de cile à Conftance) ces deux fameux &
Conftance. renommez heretiques Iean Hufs, &
Hierôme de Prage. Ie fçay bien que
aultresfois les heretiques ont efté pl⁹
doulcement corrigez : & que du vi-
Poffidonius uát de S. Auguftin (ce que note Poffidonius

fidonius en fa vie) ilz eftoyent condampnez à deux marcs d'or, & aucu
nesfois enuoyez en exil.'Car Conftá
tin deiecta Arrius hors de fes terres&
païs, par ce qu'il ne voulut obeir au
Sainct Cócile de Nice. Et du depuis
Theodofe Empereur, par fa loy pri-
ua les heretiqs de toutes fuccefsions:
permectant en haine de ce mauldict
& deteftable crime, informatió eftre
faicte d'eulx apres la mort. Mais non
obftant ces chofes, nous trouuós que
des·long téps au parauant, au temps
que iuftice & religion florifloit, & q̃
les bons Peres viuoyent, la couftume
eftoit proceder cótre les heretiques,
premierement par les Euefques & iu
ges Ecclefiaftiques, auec admoni-
tions, cenfures & excómunications:
Puis apres, par loix & decrets des Em
pereurs, on en faifoit des cendres. Ce
qui eft apertement declaré en la loy,

E ij

C.lib.1.l.
Arriani de
heretic. &
Manich. *Arriani, C. Iustiniani lib.* 1. *tit. De hæret.*
& Manich. auec les gloſes & interpre
tation'de ladicte loy, & de la loy *Ad*
abolend. Tellement que des lé téps de

S. Ciprian. S.Cypriã,il ſemble de ſon œuure cótre Nouatien,que les heretiques aiét
eſté bruſlez. Que dictes vous q̃ meſmes les heretiques ne vueillét denier
ces choſes : ains du tout par leurs ge-
ſtes & iugemens,publicquement les
appreuuent.Car nous auóns enten-
du par vne hiſtoire nagueres miſe en

Michel Ser
uet bruſlé à
Geneue. lumiere.Que vn Michel Seruet,que
nous auons quelque-fois veu & cogneu eſtudiant à Paris,accuſé de ce
qu'il ſentoit mal de la Trinité,& con
uaincu de pertinacité en ſon erreur,
fut par Caluin & ſes aſſeſſeurs,con-
dampné à eſtre bruſlé en la ville de
Geneue,& peu apres la ſentence miſe en execution.

Mais ceſſant icy. toute authorité
d'eſcri-

d'eſcripture, ou preiudices & iuge-
més ſemblables aux precedents, mó
ſtrons par raiſon que hereſie ſe doibt
repurger par le feu. Perſonne n'eſt q̃
puiſſe ignorer, ſ'il à quelque petit de
ſens ou raiſon, que les plus lourdes&
grandes faultes doibuent eſtre plus
griefuement punies : & que la punition doibt eſtre proportiónée à la
grauité du delict. Si doncques noz
iuges condãpnent iuſtement les pil-
lars & larrons à eſtre penduz & eſträ
glez, les faulx monnoyeurs à eſtre
boullis, les Sodomites, voleurs&bou
tefeuz tantoſt à eſtre rompuz & mis
ſur la roüe, tantoſt à eſtre bruſlez, par
pl⁹ forte raiſon les heretiques & blaſphemateurs qui ſont pires, & qui gri
efuent plus la republique que tous
ceulx icy deuãt nommez, doibuent
eſtre enuoyes au feu. Oultre plus, les
peines exéplaires ſont eſtablies prin-

principallement pour donner crain
éte aux aultres, & d'autant qu'elles
font plus grandes & horribles, d'autant plus ont elles couftume de retirer des forfaitz. Par cefte raifon don-
ques, quelqu'vn pourroit eftimer q̃
les heretiques font trop griefuement
punis, quand ilz font condampnez
au feu,quand par horreur de la flam
be, ilz ne fe deportent de fouftenir
leurs erreurs. Lefquelz iaçoit qu'ilz
accufent les Roys & les iuges de cru-
aulté , les appellans fouuentesfoys
bourreaulx & boutefeux, par forme
de crime & reproche, il n'eft toutef-
foys rien plus fauuage ou cruel que
eulx,qui prefchent que nul homme,
combien qu'il foit capital ou crimi-
nel,doibt eftre códampné à la mort:
mais doibt eftre attédu & receu à pe-
nitéce: & toutesfois ont fouuent tenu confeil,cóme ils pourroient faire

Contradi-
ction &
cruaultédes
hereriques.

mou-

mourir les gens de bien, & fimple po
pulaire. Car dix-huict ans ya ou en-
uiron, qu'en la ville celebre de Paris, *Entreprife*
des hereti-
ces gés desbornez & deüoyez de tou *ques, pour*
mettre le feu
te bonne voye, auoyent coniuré en- *aux eſglifes*
femble de mettre le feu la veille de *de Paris, la*
vigille de
Noël aux eglifes, (lors que le peuple *Noël·*
à accouftumé fe trouuer à mynuict
aux matines, & roncher le paué des
eglifes de paille, pour le foulas du
peuple) & par ce moyen fuffoquer &
eftaindre de feu & fumée le pauure
peuple, faifant priere à Dieu, & gar-
dant la veille accouftumée de long
temps en l'eglife. Qui fe pourroit ad-
uifer de chofe plus cruelle & inhu-
maine? Ilz ont fouuent efpié fur les
chemins, les predicateurs q fentoiét
plus leur en vouloir, & courir fus.
Vn quidã des leurs (comme il eftoit *Vn hereti-*
que cuyda
eftourdy, & impatient en fa colere) *eftrangler*
Méfieur Pi
f'efforça eftrangler le venerable do- *card.*

E iiij

cteur & prefcheur d'excelléce, mai-
ftre François Picart, lors qu'il eftoit
prefchant en l'eglife Sainct Iacques
de la boucherie, à Paris, & euft mis
fon entreprinfe en effect, n'euft efté
qu'il fut empefché du peuple, qui e-
ftoit entour la chaire, q le iecta hors
de l'eglife, & le tua en fa commotió.
   Lan pafsé, au mois de Septembre,
fe feit vne affembléede Satan, en la
maifon du mal-confeil, par indigna-
tion, comme i'eftime, de cefte belle
procefsion qui f'eftoit faicte vn petit
au-parauant, en laquelle auoit efté
portée auec plufieurs Sainctes relic-
ques, la Sacrée Euchariftie, de voftre
Saincte Chapelle, à la grand' eglife:
à laquelle vous, ceulx de voftre maifon, le Senat & eftats de voftre cité de
Paris, auec le populaire afsiftaftes, a-
uec deuotion & reuerence tant gráde, que iamais plus gráde ou celebre
                                    on

on n'auoit veu : En ceſte aſſemblée
mal-heureuſe, apres la cene execrable, fut conclud de bruſler la librai-
rie du college de Sorbóne, qui eſtoit
tout prochaine à leur Synagogue, &
de mettre le feu en diuers lieux de la
ville, mais Dieu mieulx pouruoyant
aux affaires des Pariſiens & Sorboni-
ſtes, empeſcha ceſte temeraire entrepriſe: il reuela les pernicieuſes cóclu-
ſiós, & à la pourſuitte des gens popu
laires & ſimplicians, à liuré entre les
mains de voz iuges & ſergents, l'eſcolle d'iniquité : qui contenoit trois
cens ou enuiron, tant eſcolliers que
eſcollieres, ieunes, anciens, petitz &
grandz, femmes mariées, ieunes filles, & enfans: tout pouoit en ceſte
meſlée. En ceſt endroict, Dieu attét
le iugement des hómes, mais tenez
pour certain qu'il reſerue le ſien. En
laquelle inſtance, ô Roys & Princes

Entrepriſe des heretiques aſſemblez en la rue Sainct Iacques.

Aduertiſ- ſement aux Roys & iuges.

de la terre, ô Senateurs & iuges du
peuple, voyez que vous faictes: Car
vous ne traictez icy vn different ou
procez humain, mais la propre caufe
de voftre Dieu : & tout ce que vous
arrefterez, tōbera fur voz teftes: Com
bien que cefte caufe n'eft tant fpeci-
alle à dieu, que cōmune à luy, à vous
& voftre republicque. Le falut & integrité de laquelle ces vieux routiers
rufez & affettez, ces innouateurs &
renouuecleurs d'erreurs & fuperfti-
tions, ia pieça enfeuelies, deftruiront
totallement, fi on ne va au deuant,
& fi lon n'obfifte à leurs effors.

    L'autheur du fupplemēt des chro
nicques, racōte que enuiron lan mil
deux cens nonāte & huict, il fe trouua vne obferuance & ceremonie dā-
Follie de la nable des fratricelliens, femblable à
feſte des fra cefte cy: qui fut condampnée & pu-
tricelliens. nie comme elle meritoit. Iceulx atti-
roient

roient par belles parolles & promef-
fes à eulx les ieunes veufues, & belles
filles, en certaines cauernes, & troux
foubz terre cachez : efquelles du cô-
mencement ilz chantoyent & pfal-
modioient en la belle nuiċt, à la güi-
fe & maniere des Chreſtiens : puis la
pfalmodie finée, leurs facrificateurs
admôneſtoient à haulte voix vn cha
cun de ſ'accoincter de compagnée,
& faire les œuures de mariage, ainfi
que Dieu l'auoit commandé, en in-
uocant la grace du Sainċt Efprit : a-
pres lequel cômandement, on eſtai-
gnoit les lumieres, & chacun ſ'em-
ployoit à faire fes plaifirs charnelz,
foy prenât à celuy ou celle qui eſtoit
le plus prochain, ou qui plus luy ag-
greoit, fans difcretion d'eſtat, affini-
té, ou parenté aucune : S'il aduenoit
de telle puantife, que quelque femme conçeuſt (ainfi que aucunesfoys

aduient que putains mal-heureuſes,
& femmes abádonnées, ſe treuuent
groſſes d'enfans, oultre leur gré & vo
loir) ſi toſt que l'enfant eſtoit né: il e-
ſtoit apporté à la cauerne & aſſemblée diabolique, ou il eſtoit pelotté
& ieϲté par les mains d'vn chacũ, à la
maniere d'vn pot caſſé, tant qu'il ie-
ϲtoit ſa pauuré ame : & celuy es maïs
duquel il expiroit, eſtoit reputé leur
grand preſtre, le Sainϲt Eſprit, cóme
ilz diſoyent, ainſi leurs reuelant. O
mal-heureuſe & deteſtable ordonnã
ce de preſtriſe. O nopces funebres &
miſerables. O ſacrifices hydeux &
Proſerpins. Ceulx q̃ depuis venoient
à naiſtre, eſtoiét occis & rotis par les
mains de ces preſtres bourreaux: qui
en ce beau faiϲt reuocquoiét du profond des enfers, ceſte vieille bour-
relle de ſuperſtitió, que Dieu le createur tát à en deſdain, & condápné p
Hiere-

Hieremie le prophete : Ils brufloient *Hiere.7.*
& faifoient mourir leurs filz & leurs
filles par feu, ce que ne leur ay com-
mádé, & à quoy iamais ne penfé. Et
par Dauid : ils ont immolé leurs filz *Pfal.* 105.
& leurs filles aux diables. Et ont efpã
du le fang innocét. Le fang de leurs
enfans, lefquelz ils ont immolé aux
idoles de Chanaã. Puis apres, ces cui-
finiers redigoient en pouldre les mé
bres des innocens ainfi rotis & bruflez, & icelles pouldres iectoient en
vn baril, lequel ils emplifloiét de vin:
& de ce bruuage cótraignoient boi-
re leurs nouices, & derniers receuz
en leurs affemblées. Cefte pefte dam
nable, eut fon regne en la prouince
d'Italie, nommé Picenée.

Se troua aufsi en la ville de Milã,
vne femme nómée Guillemette, re- *Guillemet-*
putée de plufieurs, fainéte & vertu- *te la preftre∫*
eufe dame, laquelle auec fon mary *fe à Millã.*

nommé André, entretint pareille fu
perftition : Icelle fe faifoit tondre, &
fe reueftoit(comme ont accouftumé
faire les preftres aux eglifes) car chacun entre-eulx de quelque aage ou
fexe qu'il foit,eft reputé & tenu pour
preftre : puis f'approchant de l'autel,
qui eftoit en fon celier,faifoit certaines oraifons,apres lefquelles admon
neftoit de fa puante & infecte bouche,criant comme vne demoniacle:
couplez vous,couplez vous, mectez
les lampes foubz le cuuier, & faictes
ce que Dieu vous à ordonné. Cefte
preftreffe forfenée,certain iour de la
fepmaine faifoit fon fabbat: Et apres
fa mort,à neantmoins perfeueré l'im
pieté, tant qu'elle fut cogneüe & ef-
uentée par vn quidam,nommé Con
rad : qui furtiuement fuyuit fa femme,allant a ces facrifices:& peu apres
fut l'efcolle rompüe, par les inquifi-
teurs

teurs & iuges, qui en feirét trefafpre,
& rigoureufe iuftice,les enuoyans la
plus part au feu. Entre lefquelz vn ·
nommé Hermã, & cefte Guillemette,cy deffus mentionnée, qui eftoiét
venerez comme fainctz, furent de-
terrez,& leurs os redigez en cendres.

Voy-la, Roy trefchreftien,le com
mencement de cefte efcolle & affem ·
blée nouuelle, q feft faicte par nuict
en voftre ville de Paris. Ie dis de l'efcolle,inuentrice & nourrice de tous
maulx:laquelle faifant fa cene & Iu-
daifant, nie apertement la verité du
corps & fang precieux de Iefuchrift,
au fainct Sacremét de l'autel. Quãd
apres la cene,elle lafche ainfi la bride
à luxure & intemperãce, elle peruer-
tift non feullement les commandemens de la vieille & nouuelle loy :
mais aufsi tous les droictz & ordonnances nãturelles. Car apres auoir

L'efcolle de
la nuict,
nourrice de
tous maulx

réuerſé & mis ainſi ſoubs le pied, tou
te honneſteté de mariage, qui pour-
· ra auoir aſſeurance de ſon vray & le-
gitime heritier? Affin que ie me taiſe
Fruiĉt des des inceſtes & autres infinis abus qui
aſſemblées
noĉturnes ſ'y cómettent: car en telles tenebres,
des hereti-
ques. en tel ardeur de laſciueté, en tát gráde liberté & impunité de faire toutes
choſes, le pere peult auoir cópagnie
de ſa fille, & la mere de ſó fils. A la mi
enne volunté, que quand il n'y a ren
contre de cópagnie, il ne ſe feiſt cho
ſes, q̃ plus abhorre nature. Icy le ieune enfant à la códuiĉte de ſon peda-
gogue, pour le laiĉt de bonne & ſain
ĉte inſtitution, tire les poiſons d'er-
reür & infidelité. Icy aprent la fille
par mauuais exemple de ſa mere, ce
q̃ mieulx euſt eſté auoir ignoré toute ſa vie. Icy conſpirent les macque-
reaux & macquerelles, contre les re-
ligieux & ſainĉtes vierges, voüées &
con-

confacrées à Dieu. Les fémes mariées
à la mort de leurs marys, & toute l'affemblée faict ligne pour s'armer alen
contre du falut & de l'honnefteté de
la republique: Prennent côfeil & ma
chinent entre-eulx, comme ils pourront auoir la fin , ou faire priuer de
leurs offices , les magiftrats qui leurs
font contraires: affin d'en mettre en
leurs places, aucuns de leurs faction:
& par ce moyen tiénét les cordeaux
du gouuernement de la republique,
apres auoir ofté les bons recteurs, &
gouuerneurs des villes.

Qui fçait s'ils ne fe taillent & cot-
tifent pour achapter les offices, & in-
troduire leurs côpagnons & confre-
res es iudicatures & fieges pfidiaux?
affin d'efpandre leurs venimeufe do
ctrine , auec plus grande liberté, &
quand ilz font apprehendez , qu'ilz
trouuent des patrons & deffenfeurs,

F

en lieu de iuges, q̃ les puniſſent: ainſi
ils ont gaigné Geneſue, Lauzáne, &
pluſieurs autres villes de Suiſſe, & Al
lemaigne. Ce qu'ils ſefforcent faire
auſsi en noſtre pays de Gaulle, ſi on
n'y prouuoit auec prudence, & ſi on
ne reprime leurs audace effrontée, &
effrenée.

Vous cognoiſſez, comme i'eſtime,
Trouble de
la Prouen-
ce. Sire, voſtre conſeil, voz iuges & con-
ſeillers cognoiſſent, quelz troubles
ont nagueres eſmeu en la Prouence,
les erreurs des Vauldois, & Pauures
de Lyon, qui venoiét à renaiſtre: leſquelz ny par mádement du Pape, ny
par crainte des iuges & gouuerneurs
du pays, ſe ſóc voulu deporter de leur
entrepriſe; tant q̃ vous auez illec en-
Dommage
qu'ont faict
les proteſtás
à l'Empe-
reur Char-
les, uoyé voſtre main forte, & gédarmerie, pour les dópter. Et les Proteſtans,
qu'ont ils faict? N'ont ils point em-
peſché grandement la force & puiſ-
ſan-

fance imperialle de Charles d'Auftri
ce?Voy-la la pieté & fainéteté des he
retiques & aduerfaires du S. fiege A-
poftolique: voy-la la mifericorde de
ces Crocodylles, qui recómandent
& louent à merueilles mifericorde,
toutesfois fe refiouiffét es meurdres,
maffacres, & abbatis de peuples: &
ne font fcrupule d'efpandre le fang
des innocétz. Et nous abufans de cle
mence, à noftre dómage & peril pl⁹
q̃ euident, ramenós encore en doubte, fi par confentement des efcriptures, il fault enuoyer au feu ces boutefeux, blafphemateurs, facrileges, con
fpirateurs & ennemis de la republique? Mais pofe qu'il ne foit conuena
ble les brufler en fi grád nombre, ny
tant legieremét: Fault il pour-ce, laif
fer à les punir, & les permettre doge
maizer & prefcher à leurs voloir?

Sur ce auiourd'huy eft fondée la

*Si on ne bruf-
le les hereti-
ques, pour
le moins,
doibuent e-
ftre punis
aultrement.*

complainéte des catholiques, c'eft à
fçauoir, qu'on ne punift point les he-
rètiques, & non point qu'on ne les
brufle. S'il ne fault brufler les heretiques : fi le fupplice couftumier eft
trouué par trop rigoureux, il ne fault
pour ce conclurre, qu'ils ne foient à
punir : principallement quãd il font
obftinez & pertinax à deffédre leurs
errcurs, ou quand apres qu'ils fe font
defdicts, & qu'ils ont renócé á iceur,
ils viennét à retourner, & eftre pires.
N'eftoit q̃ nous voulfifsions cóclurre
en cefte part, auec aucũs hómes bru-
taulx, par vn argumét abfurde & de
petite valeur, qu'il fault biẽ punir les
heretiq̃s. Toutesfois cóme ainfi foit,
q̃ le propre fupplice dót ils doibuent
eftre punis, foit le feu, par ordonnan
ce du Pape Lucius, & Frederic pre-
mièr roy des Romains: & que ledict
fupplice féble trop horrible aux gens
de

de noftre téps, il fault apres la prifon
& vne reuocation telle quelle, laiffer
aller & du tout deliurer les errans:
mais il ya d'autres peines, moins ai-
gres que le feu: il ya d'autres manieres de faire mouir vn hóme, il yä des
amendes & honorables & prouffita-
bles, ou pecuniaires, il ya des bannif-
femés: Pourquoy n'eft par ces moin-
dres peines vengé & defendu Iefuchrift, duquel la caufe eft tát bonne?
Pourquoy de deux ou trois cens here
tiqués, qui eftoient participás d'vne
mefme table & efcolle en auons veü
tant petit nóbre executez? Pourquoy
auec le fupplice d'iceulx n'a cogneu
le peuple la caufe du fupplice? Pour
quelle caufe en la feconde & dernie-
re affemblée à lon ferme ainfi les y-
eulx, quand d'iceulx n'en à efté aucũ
apprehendé? Le peuple en murmure,
& maintient qu'en ceft endroiĉt n'à
F iij

esté satisfaict à Dieu, ny à foy, ny à la
religió Chreftiéne. Il à la foy & integrité de voz iuges fufpecte : & en vo
ftre foy & pieté feullement fe repofe.
Sire, regardez qu'é vne chofe tãt fain
cte & pitoiable, vo⁹ ne faillez à fõ bõ
zele : & fi vo⁹ defirez ce fceptre royal,
& demourer fauf & entier, foïez auffi zelateur pour l'eglife, q̃ eft la.mai-
fon de Dieu . Car il vous compete &
appartient de tres-pres : tant pour ce
qu'eftes roy, qu'aufsi par ce que eftes
le roy trefchreftien : tellement q̃ ny à
la royne voftre femme, ny a voz en-
fans(ce q̃ diray fauf leurs honneurs)
fils eftoient trouuez coulpables en
tels cas, Dieu ne veult que leur faciés
grace, & ne veult fa caufe eftre mife
apres la voftre.

Il me femble fur ce point, que i'ef-
coute propos pleins de flaterie & tra
hifon, fonans à vos oreilles : Les heretiques

tiques pour ce iourd'huy sõt en grãd
nombre : & entre iceulx s'en trouuét
aucũs q sont nobles & puissans:dont
est à craindre(veu les guerres & encõ
bres qui no⁹ menassent)qu'il ne s'es-
mouue quelque sedition,si on les pu
nist à la rigueur, veu q̃ noz alliez &
confederez soustiénen̄ten partie les
mesmes opinions:& qu'ils viennent
à se reuolter & armer cõtre no⁹.Oul-
tre plus l'erreur de plusieurs est petit,
& ne faillent seullement q̃ en vn arti
cle ou simple proposition de theolo
gie,au reste ils sõt fideles & d'accord
auec les Catholiques. Toutes ces parolles,Sire,ne doibuent en rien vous
diuertir ou retirer de faire bonne iu-
stice.Car en tant que touche la multitude,iamais vostre ennemy ne trou
uera vostre gendarmerie estre peu
peuplée,si Dieu est auec vo⁹ : auquel
n'est difficile vaincre en peu de com-

Moyẽs par lesquelz on cuide persuader au roy de ne punir les heretiques.

Il ne se fault fier en la multitude ny force des hommes.

F iiij

4.Reg. 6. batás,ou plufieurs:Gedeon auec peu
de gens, puis qu'il auoit Dieu auec
foy,gaigna victoire à to⁹ admirable.
Helifere auec vn feul feruiteur,par le
fecours qu'il euft des chariotz & che
uaulx flamboyans qui luy furent enuoyez du ciel, efchappa de la fureur
du Roy des Syriens.O fi Dieu en ceſt
endroict ouuroit voz yeulx(comme
lors il ouurit les yeulx de ce feruiteur) à vous faire veoir la gendarmerie du Dieu viuant:qui eſt ia en cam
paigne pour vous defendre contre
tous voz ennemys & mal-vueillans.
Vous cognoiffez par quel moyen ef-
4.Reg.19. chappa le bon roy Ezechias,de la fu
reur de Sennacherib:& n'ignores có
2.Paral.20 me le roy Iofaphat raporta la defpouille de trois armées trefpuiflátes
fans aucune pte ou bleffeure des fiés
Illec eſtoit le doigt de Dieu, auquel
ô Sire,il vous conuient auoir plus de
fiance qu'en voſtre cheualerie,ou en

voz fouldars, quelque bié equippez
qu'ilz foient.Si dieu eft auecq vous
& de voftre part,qui bataillera côtre
vous?Il fera touteffois des voftres, fi
vous le reúerez & honorez : fi vous
défendes fon party, & ne permectez
voftre gédarmerie eftre infectee ou
pollüe de ces malheureux heretiq̃s
& blafphemateurs:lefquelz encores *Quel prof-*
fit peult fai
qu'ilz f'allient à voz ennemis,ne leûr *re vn here-*
tique, en vn
porteront plus d'aide & confort que *camp.*
feift iadis ce Sacrilege Acham aux
gédarmes de Iofué:à là prefence duquel iamais ne peurent fouftenir &
fe defendre en bataille:& non pour
autre caufe,que pour ce qu'ilz auoiét
vng homme mauldit & peruers a-
uecq eulx.

Quất à ce qui touche la nobleffe
& authorité publicque,cecy auffi ne
eft argument vallable ny fuffifante
caufe pour vous retirer de la punició
des herefies:mais doibt gaigner &

Il ne fault pardonner ny fauori-ser à aucū, en matiere d'heresie.
Deut. 13.

auoir lieu vers vous, & encores son-
ner à voz oreilles ce commandemét
de Dieu: Si ton frere germain filz de
ta propre mere, ou ton enfant, ou ta
féme, ou ton amy, lequel tu as cher
comme ton ame, te vouloit suborn-
ner & retirer du seruice de Dieu, te
disant en secret: Allons & seruons
aux Dieux estrangers, lesquelz tu ne
cognois ny toy, ny tes ancestres, garde toy de luy consentir, & ne luy pre
ste l'oreille, & ne luy pardonne iusques la, d'auoir pitié de luy & le celer. Tu mecteras premier la main sur
luy, & apres toy tout le peuple luy
courra sus pour le lapider & faire
mourir. Mais sur ce point vo⁹ pour-
ries demander: Si par cas d'auenture
quelque Cité ou cómunaulté estoit
infectée & corrumpüe de ce poison:
Nous cóuient il bander & armer a-
lencontre de noz freres Chrestiens,
qui nagueres viuans en la maison de

Dieu, d'accord auecq nous, partici-
poient en la saincte Communion
des Sacremens. Dieu veult & aussi
pareillemét cómandé que telle ville
vo' oppugniés & mectiez à sac, si au-
trement elle ne peult estre reduicte,
& ne veult retourner à la foy de l'E-
glise q̃ elle auoit au parauãt receüe.
En ce toutesfois ne fauldra iamais
oublier misericorde, & sera expediét
de s'efforcer tousiours à sauluer les
Innocens, & ceulx qui recongnois-
sent leurs faultes. Le Poëte ainsi le có *Ouid in*
seillant par l'exemple du Cirurgien, *Metamor.*
qui s'efforce par tous moiens de son
art, guerir le patient, & ne coppe iamais vn membre, si ce n'est par vne
grande necessité, affin de sauluer la
reste du corps.

Cótre ceulx qui iugent estre cho-
se legiere & de petite importance,
faillir en vng seul article de nostre
foy, ou certains propoz de Theolo-

gie, eſt monſieur S. Iacques diſant:
Celuy qui fault en vng point de la
foy, ou des commãdemens de Dieu,
eſt coulpable de tous. Car certes, la
vraye foy ne peult eſtre en vne perſonne, ſi elle ny eſt auſſi entiere: entant que Ieſuchriſt n'eſt & ne peult
eſtre diuiſé: & qui n'eſt des ſiés, il eſt
conuaincu d'eſtre contre luy. Dieu
eſt de ſoymeſme le treſgrãd, & pourtant contre luy & ſes commãdemés
ne peult eſtre dicte aucune petite
faulte. Oultre plus, qui deroge & de-
nie ſa foy à vng propoz des eſcriptu
res Canonicques, il deroge & tolliſt
du tout l'autorité des eſcriptures: laquelle deſpéd de l'egliſe: à laquelle, ſi
nous ne croyons en vng article, có-
ment la croyons nous es autres? Car
quicóques ment, & eſt trouué faulx
en vn poinct, il ne peut faire q̃ es autres il ne ſoit doubteux & ſuſpect.
Partant, telle excuſe ne ſeroit aſſez le

I Ꝑcob. 2.

Note Chre
ſtien.

gitime,pour vous retirer,ou voz iuges,de la punition des heretiques.
Mefmes, fi de ce nous nous rappor-
tons à l'aduis d'Origene & faict Ambroife, L'heretique qui eft de bonne
vie,eft plus dâgereux, & retient plus Origen.o-
d'authorité en fa doctrine,que celuy mil.7.in E-
zech.
qui eft de mauluaife vie. Et n'eft rien
plus perilleux,que ceftuy,lequel eft
bié difant,& q fe gouuerne vertueu-
femét,&toutesfois d'vn feul mot,có
me d'vne goute de poifon, infectió-
ne la vraye & fimple foy de la tradi-
tion de noftre Seigneur & de fes apo
ftres. Pourquoy fe fault garder fongneufement que telles gens, proce-
dás par fin & fubtilz moiens, ne no⁹
furprenent:Car rien n'eft tant pefti- Combié eſſ
lentieux ou mortel,que ce qui foubs dangereux
vmbre de bóne vie & faicte, appor- vn hereti-
te la mort. Et tout ainfi que le Pla- vne bonne
ftre meſléauecq leau,par femblance vie.
& apparence de couleur, eft reputé

Ambro. de fide contra Arrianos. pour laict, les dictz de ceste persóne par leur apparéce sont receuz cóme fideles & catholiques. Qu faict qu'é plusieurs de ces pdicás, il ne cóuient tant auoir esgard aux parolles, cóme aux sentimés & iugemens interieurs de ceux qui les mectent en auant.

Voyla le trebuchet de ces finetz īue terés en malice: voyla les lacs de Satā. Enfãs fuyes de tels sermós, fuyes: car Virgil. in Bucol. en ceste herbe verdoyáte & florissan te, est caché le serpét. Ne croyez lege rement à to⁹ esprits, mais esprouuez Thessal. 5. s'ils sót de Dieu deuāt leur croire. Esprouuez toutes choses, tenez ce q est bó: abstenez vo⁹ de toute apparence de mal. aīsi sera repoulsé l'esguilló du Scorpió: aīsi sera brisée la teste du viel serpét soubz voz piedz, p Iesuchrist.

Obiection. *Mais les zizanies (ce dict aucun) en ce temps miserable, sont tãt augmentées qu'elles gaignent & suffoquët le bon froumēnt. Et iouxte la sentēce du Poëte: Les yurayes*

& mauuaises herbes surmontĕt.Partăt est
à craindre, qu'auec la zizanie on extirpe &
arrache le bon grain:par ainsi fault differer
& laisser la correction des heretiques, à la
moisson du grand iugemĕt eternel de Dieu:
cõme il semble à veoir,que Iesuchrist le con-
clud en la parabolle Euăgelique. A ce res- *Matth.13.*
pond Monsieur S.Augustin,que no *S.August.*
stre Seigneur demóstre assez par ceste parabolle,q̃ quăd il n'y à point de
crainéte,& que on est asseuré que les
bons n'auront à souffrir, il ne fault q̃
discipline dorme, ne que iustice soit
.differée, pour la punition d'heresie:
.en vertu de laquelle iustice, d'aultăt
·plus grăd amendemét s'ensuyt ; que
la ferueur de charité auecq laquelle
on procede, est droicte & discrete:
Et maintenant quel peril ou danger
·se peult il suyure de la condempna-
tion des heretiques? Ne s'ensuyt il
pas plustost à l'opposite vne hayne
de desloyaulté,& vne reuerence sin

guliere de la verité Euangelique? Icy
quelque vng iectera fa lãgue & dira:
Mais nous auons veu quelque-fois aduenir
que pendãt que lon brufloit les delinquëtz,
ils enduroïét auec vne telle cõstance & pa-
tience, que les pufilles & fimples en eftoient
aucunement fcandalifez , pour cefte con-
ftance, reprefentant la cõftance des martyrs.
Ainfi a accouftumé le diable, decep
uoir & defguifer la malice des fiens,
par apparente imitation des fainctz.
Mais (comme tresbien dict fainct

S. Cyprian
ad Nouat.

Cyprian efcripuãt cõtre Nouatian)
Ilz ne peuuét eftre de la part de dieu,
puis qu'ilz n'ont voulu viure paifi-
blement en l'eglife. Que pour foufte
nir leurs opinions, ilz foient bruflez
ou liurez aux beftes, & meurent en
ces tourmens, ce n'eft point la couronne de foy, mais certes la peine de
mefcreance & infidelité, & eft telle
mort vn trefpas de defefpoir, & non

pas

pas à gloire eternelle. Telles gés peuuent estre tuez, mais ils ne peuuent e-
stre couronnèz. Suyuant ce propoz,
Sainct Bernard escript à l'instructió *Bernard. o-*
des pusilles. Quelques-vns s'esmer- *mil. 66. In
Cantic.*
ueilloient que non seullement ils e-
stoient menez a la mort patiés, mais
comme il sembloit, estoient ioyeulx:
toutesfois il ne se fault de ce esmer-
ueiller, si on regarde combien gráde
est la puissance de l'ennemy, nó seullement sur les corps, mais aussi sur les
ames de ceulx, lesquelz par permis-
sió de Dieu il possede. N'est-ce point
plus qu'vn homme soit tué & meur-
dry de sa propre main, que souffrir
& endurer estre occis d'vn autre? Ce
toutesfois nous cognoissons que le
diable á peu faire & gaigner sur plusieurs: lesquelz se sont iectez en leau,
ou precipitez du hault des maisons,
ou bien se sont estranglez. Ce n'est

G

doncques chofe femblable ny de pa
reil calibre que la patience des martyrs, & la pertinacité des heretiques.
Car es martyrs pieté & deuotion, es
heretiques l'endurciſſemēt de cueur
cauſe le contemnement de la mort.
Pourtāt il n'eſt beſoing de beaucoup
diſputer contre eulx, c'eſt aſſez de les
cognoiſtre, affin d'euiter leurs com-
pagnies: mieulx toutesfois vauldroit
les faire mourir par authorité de iuſtice, q̃ les laiſſer dogmatizer & per-
uertir les autres. Voyla que dict S.
Bernard. adiouſtons (ſi c'eſt voſtre
plaiſir) aux propoz ſuſdicts, ce que
Albert Pi-
kius. recite le docteur Albert Pikius, cha-
pitre cinquiefme, du premier liure de
ſon œuure. Interpretant ce mot de
Matth.7. Sainct Matthieu _à fructibus eorum, co-_
gnoſcetis eos

Qui regarde de pres (dict il) aux
œuures des heretiques, il cognoiſt
clai-

clairement en icelles l'artifice, vertu
& puiʃʃance de Satan. On à veu puis
peu de temps en la ville dicte en latin
Amſterdama, vne compaignie d'hom
mes & de femmes, leʃquelz oubliez
de toute reuerence & honneſteté,
marchoient tous nudz, en plain iour
par les rues, crians & hurlans comme
Phanatiques, gens forʃenez, & pri-
uez de raiʃon: entre leʃquelz meʃmes
y auoit des femmes groʃʃes, aucunes
femmes anciennes, & quelques belles ieunes filles: leʃquelles depuis in-
terrogées en la priʃon, commét ain-
ʃi eshontées, non ayant eʃgard à leurs
ʃexe & honneur, elles auoient couru
nues par la ville (ce que ne vouldroit
ou auroit hóte faire vne preude-fem
me & pudicque en ʃa chambre) ne re
ʃpondirent autre choʃe, ʃinó que par
quelque interieure inʃpiratió & mou
uement, auquel ne pouuant reʃiſter,

*Follie d'hô-
mes & de
femmes, al-
lans tous
nudz par v-
ne ville de
Allemai-
gne.*

G ij

elles auoient esté à ce contrainctes.
De sorte que depuis, apres leurs procez parfaictz, alloiét au supplice dan
santes & priantes pour ceulx qui les
faisoient mourir.

Ceste mesme cité en ces iours veit
vne assemblée de gens, qui auoit cō-
spiré la mort des innocens, & dis-
posé saccager la ville, qui est tresri-
che & opulente. Et neantmoins les
notoires voleurs, brigans, & meurdriers, pris sur le faict, apres auoir oc
cupé en belle nuict le marché, & le
palais, apres auoir occiz le gouuer-
neur, & plusieurs bourgeois & mar-
Il ne se fault chans, endurerent la mort, d'vn cou
esbahir si rage ioyeulx, auec vne constance &
ceulx qu'on allegresse d'espoir, comme s'ilz eussét
brusle sem- esté innocens, & eussent souffert tel-
blēt ioyeux. les peines pour deffence de la verité
& religion Chrestienne. Qui ne voit
à l'œil que telles choses procedent
d'vn

d'vn aueuglement d'efprit, dureté de
cueur, & obftination diabolicque?
Les pufilles doncques & fimpliciens
ne fe doibuent eftonner ou fcanda-
lizer de telle faulfe apparence de vertu, & conftance vmbrageufe des heretiques, à porter leurs tourmentz :
lefquelz depuis qu'ils ont renoncé &
apoftafié d'icelle premiere foy, qu'ils
auoient promis au baptefme, & de
l'obeiffance de noftre mere faincte e-
glife, viennent du tout en la puiffan
ce de l'ennemy : duquel abufez & có
duictz, fe laiffent trefbucher & tirer
en toutes manieres de pechez, ny pl⁹
ne moins, que ce troupeau de pour-
ceaux mentionné en l'euangile, ef- *Matth. 8.*
quelz par permifsion de Iefuchrift,
eftoit entrée la legion, fubitement
print la courfe, & s'en alla precipiter
& noyer en la mer. Quiconque fe fe-
pare de l'eglife (dict Sainct Cyprian) *Cypria. de*
G iij

s'accoincte d'vne paillarde, & est priué des dons & promesses que Iesuchrist à faict à son eglise : & n'appartient en rien à l'heritage du filz de
Dieu, cestuy qui à laissé la maison de
Dieu, il est estranger, il est propha-
ne, il est ennemy, & ne peult auoir
Iesuschrist pour pere, puis q̃ ne veult
recognoistre l'eglise pour sa mere.

Que personne ne nous remette
icy au deuant, que du temps des apo
stres, & de la naissance ou enfance
de l'eglise, on ne souloit brusler les he
retiques : car telle obiectió seroit par
trop legiere & friuole. Lors les saictz
Martyrs qui preschoient & defen-
doient l'euangile, estoient tuez &
meurdriz par tas, par les Princes &
gouuerneurs des prouinces, qui fer-
uoient aux idoles, & l'eglise se fust
applicquée à punir les heretiques?
Ce temps estoit le temps de patience,

ce à fouffrir mort pour la foy, & non
de iuftice, à perfecuter & faire mourir les infideles, ou contredifans: Ce
que pour commencement à gaigné
& obtenu l'eglife au temps de Con-
ftantin empereur. Toutesfois puis
que ainfi eft qu'iceulx eftoient nagueres noz freres, qui par dol de l'ennemy fe font faictz aduerfaires de
Dieu, & de fon eglife : que toute im-
manité & atrocité de fupplice foit
ceffée, qu'il ne foit faict memoire de
l'horreur du feu : & trouuons plus
toft moyen pour faire qu'il n'y ayt
plus d'heretiques, que moyens pour
les punir. Ceulx font noz freres, noftre chair, & noftre fang. Et pourtant à l'imitation de noftre pere cele
fte (qui ne veult point la mort du pe
cheur, mais defire plus fa conuerfion
& fa vie) il nous fault auoir compaf-
fion d'eulx, & ne leur porter aucune

G iiij

mal-ueillance de cueur. Requerons
à Dieu le createur, par oraiſon, auec
chauldes larmes, que par ſa clemence, bonté, & miſericorde infinie, il
leur donne parfaicte cognoiſſance
de la vraye voye de vie: & no' vueille ſuggerer & enſeigner la maniere
d'appaiſer tous ſciſmes & differens,
en matiere de la religion: à ce que finablement ces ranes & ſaultereaux
Ægyptiens ſoient chaſſez de noſtre
païs de France.

Donc pour ce faire, fault deuant
toutes choſes cercher & trouuer les
heretiques, pour les reduire & retirer de leurs erreurs. Ou comme ainſi ſoit, qu'il y ayt pluſieurs & diuers
moyens de les chercher & trouuer:
Il y en à deux (teſmoing monſieur
Sainct Auguſtin) qui ſont les plus
certains: l'vn eſt par ceulx qu'ilz ont
voulu quelque-fois ſeduyre & n'ont
peu. L'autre par ceulx qui ont eſté

S. Auguſt.
lib. contra
manda. c. 6.

quelque-fois feduiⱥz, & apres auoir
hanté la fraternité, fe font conuer-
tiz: Iceulx en peuuent plus franche-
ment parler & declarer leurs caballe,
comme nous auós quelque-fois ex-
perimenté par vn gainier, qui auoit
efté prifonnier auec les autres : & a-
pres fa conuerfion, defcóuurit du
tout le pot aux rofes, qui fut caufe de
de la conuerfion de plufieurs. Pour
ces fins doncques, les prelats pourront commander foubz peine d'ex-
communiment, que chacun en fe-
cret & particulier, ayt à deferer à
fon penitentier ou à fon curé, ceulx
qu'il cognoift eftre coulpables ou fu
ſpeⱥz d'herefie. Mais de promettre
gaige, ou partie de la confifcatió aux
delateurs & accufateurs, (ou à l'imitation de Iehu) fuborner gens qui fa
cent le femblant de mal fentir de la
foy, pour cognoiftre l'herefie des au
tres, ie ne trouue cela trop conuena-

Moyens pour cognoiſtre & trou uer les here tiques.

4. Reg. 10.

ble, & ne le puis du tout approuuer.
Il fault attendre les delinquentz à pe
nitence, & ne fault tant curieusemēt
chercher les faultes des delinquétz,
comme quand on les à trouuez, les
punir misericordieusemét, & repren
dre auec doulceur. N'est qu'il adui-
enne quelque scādale publicq, quoy
escheant, il fault par toutes voyes &
moyens s'efforcer de faire prendre,
& incontinent punir les autheurs &
complices du scandale.

Ils s'offrent plusieurs methodes &
conuenables moyens propres à extir
per & abolir tous erreurs, infidelité,
& blasphemes: entre lesquelz me sé-
ble que les Sainctz Conciles, tant ge
neraulx que prouinciaux tiennent.
le premier lieu : ausquelz seroit bon
à mon aduis, ouyr les raisons des heretiques & scismatiques, non tant
pour esperáce de les conuaincre par
dispute, que pour entendre sur quoy

ils fe veullent principallement fon-
der, & cognoiftre les abuz, defquelz
ilz accufent & dechirét auiourd'huy
les ordres Ecclefiaftiques : & iceulx *Moyens*
cogneuz, améderen mieux. Il nous *pour extir-* *per l'hérefie*
conuient ofter de l'eglife tous abuz,
ambition & auarice: Les facrileges,
fimonies, & lafciuetez puantes & in-
fectes: Les fcifmes, diuifions & parti
cularitez qui y font. Et en leurs places nous fault reuocquer ces tant bel
les vertuz & perfections diuines, dót
les Chreftiens du commécement fe
font renduz admirables à toutes nations. C'eft affauoir, humilité, con-
tentement de richeffes, fimplicité,
modeftie, benignité, chafteté, conftance, fidelité, & celle qui tout fur-
monte en perfection, Charité: affin
que finablement les meurs du clergé,
reluyfantes par faincteté & hónefte-
té de conuerfation, nous faifiós taire & clorre les bouches puantes des

hommes imprudens: & au lieu de ce
que prefentement ilz detractent &
mefdifent de nous, comme de mal-
faicteurs:cy apres nous iugeans & e-
stimans de noz bonnes œuures & ho
neftes conuerfations, ils louent &
glorifient Dieu, & le pere de noftre
Seigneur Iefuchrift: & delaiffás toute affection finiftre d'inimitié, ils có-
defcendent à embraffer vne mefme
profefsion de foy auec nous autres:
car non d'aultre part que de l'occafió
de noftre corrompue maniere de viure, ils prennent l'occafion de leurs
erreurs.

I'eftime le fecond lieu appartenir
à la perpetuelle refidence des prelats
& curez. Car fi les Euefques & curez,
fur lefquelz principallemét fe repofe
le gouuernemét desames, fót pres de
leurs troupeaulx, y entendant & e-
ftant vigilans (comme l'affaire le re-
quiert) ils pourront facilement ap-

r Petr.1.

*Il eft necef-
faire pour
extirper l'he
refie, que les
Euefques et
curez refi-
dét fur leurs
trouppeaulx*

perceuoir l'aſtuce de ſes regnardeaux
& empeſcheront les loups d'entrer
en la bergerie. Et aduiendra par ce
moyen, ô Roy treſchreſtien, que voſtre court & conſcience, par bó heur,
ſoit releuée de treſgrand grief. Com
bien eſt neceſſaire aux egliſes la reſi-
dence des Paſteurs, & combien leurs
lógue abſence leur eſt nuyſible, nous
l'auons ſuffiſamment móſtré par plu
ſieurs raiſons, en noſtre Synode de
Paris: & principallemét par ceſle cy.
Que perſonne ne permetroit volun-
tiers, que ſon mercenaire ſ'oſaſt in ge
rer ou preſumer, ſans ſon congé, ſ'e-
ſtablir vn autre mercenaire, ou ſubſti
tut, encore que l'affaire fuſt legiere,
ou de petite importance: Et pourtát
en ſemblable cas, les paſteurs & curez des egliſes, qui ſont mercenaires
de Ieſuchriſt, le premier & ſouuerain
paſteur de noz ames, ne peuuent, ny
ne doibuét ſe arroger à l'encontre de

l'eternelle maiesté, ce que le berger
ne vouldroit vsurper contre vn pauure laboureur.

Le prochain lieu apres, se peult dő
L'office des ner aux Euágelistes & predicateurs
bons & ca-
tholiques de la parolle de Dieu: lesquelz si auec
predica-
teurs. modestie & discretió cóuenable főt
deuoir de confuter les erreurs par rai
sons faciles, & industrieuses & elabo
rées, & cóferment d'vn mesme moié
la verité opposite, proffiteront mer-
ueilleusement, & pour contenir le
peuple en sa religion accoustumée,
& pour detourner les defaillans de
Hebr. 4. leurs erreurs. Car la parolle de Dieu
est vigoureuse, & de tant gráde ener
gie ou efficace, que comme vn glaiue trenchant de toutes pars, elle tráf-
perce iusques au cueur de l'homme.
Le quatriesme moien d'abolir & de-
struire heresie, gist au deuoir en l'offi
ce, diligéce & vertu de messeigneurs,
Messieurs les reuerédissimes Cardi-

uaulx, nagueres deputés par le fainct
fiege apoſtolique, aux inquiſiteurs
de la foy. Leſquelz, comme ainſi ſoit
qu'ils ſoienr de treſexcellente vertu
& authorité, toutes & quantes-fois
qu'ils dreſſeront leurs chemin aux
prouinces & citez, pour informer ſur
les faicts & deuiſes des payſans, ie ne
doubte que de leurs ſeulle preſence,
ils ne compoſent & appoinctét tous
ſciſmes & differentz. Et tout ainſi có *Virgil* 1.
me quád il ſeſmeut vne ſedition en *Aeneid.*
vn grand peuple, & que le menu po
pulaire eſt en ſa fureur, iettát pierres
& cailloux: lors ſ'il ſe monſtre vn hó
me vertueux, honorable, de credit &
bonne reputatió vers chacun, ſi toſt
qu'ilz l'ont apperceu, ils ceſſent, & ſe
diſpoſent à l'eſcouter: il ſe fera auſsi,
que à l'arriuée de ces reuerédiſsimes
Cardinaulx, inquiſiteurs de la foy,
tous tumultes ceſſeront: & n'y aura
aucú de ces gazoullieurs & glorieux

parroquetz qui ofent parler.

Neceſſaire reformatió aux vniuerſitez. Il fera aufsi trefexpedient reformer les vniuerſitez & eſtudes generalles, tât de theologie q̃ desloix, de medeci ne, & les fept ars liberaulx: & deffen dre eſtroictemét q̃ rien ſoit aprins ou enſeigné en iceulx, qui ne ſoit ſair̄ & étier: Qu'il y ayt des lecteurs ou p̄cep teurs qui inſtruiſſent la ieuneſſe, non moins par grauité, attrépance, & ho neſteté de meurs, q̃ par proprieté de parler, & pronunciation delectable.

Plato lib. de Leg. Car Platon en ſa repub. n'eſtime rien pl⁹ neceſſaire, q̃ de nourrir & entrete nir la ieuneſſe es eſtudes de droicture & pieté Ce qui eſt trefcóuenable ob feruer es vniuerſitez & colleges cele bres des eſtudiãs: pour ce q̃ les choſes qu'on aprent du ieune aage, ſ'impri ment mieulx en la memoire, & prin cipallemét pource q̃ les petis enfans viénent de toutes pars efdictes vni uerſitez & colleges; pour aprédre &

cognoiſtre des lettres: Eſquels, ſi pour
ſincere & catholique doctrine, ils a-
prenoiét erreurs & mauuais enſeigne
més d'infidelité: Si pour le laict ils beu
uoient & apprenoiét le venim, incon
tinent ils empliroient leurs natiós &
païs de ce meſme poiſon. Ce q̃ bié ſen
tãs les principaulx gouuerneurs & có
ducteurs de ces ſectes, (ainſi q̃ ſont les
gés mondains, pl⁹ prudens à leurs eſ-
gards q̃ les enfans de lumiere) ſe ſont
principallement efforcez de gaigner
& enfariner les eſtudes de loix par le
leuain de leur doctrine: eſperát par ce
moyen, apres quelque téps à l'aduenir, auoir gens fauoriſans à leurs infidelité, pour iuges.

Fineſſe &
diligéce des
heretiques,
pour ſemer
leur doctri-
ne aux vni-
uerſitez.

Adiouſtós aux articles & parties ſuſdictes (ſil vo⁹ plaiſt) les edicts des Em
pereurs & grands ſeigneurs, auec les
peines decernées cótre les heretiques
& ſciſmatiques. Et en icelles (recors
H

de noftre premier propos, elifons cel-
les q font moins feueres & rigoreufes.

Edict de
Diopithes
Athenien. Diopithes feift denôcer aux Atheniens, q lon euft à reuelér & declarer to⁹
ceux q introduifoiét ppós nouueaux
& nó accouftumez en la religion. Le
pareil fe pourra faire par toutes les vil
les du royaume. Ou bié propofer l'e-
dict q iadis ppofa le roy Nabucho-
donofor, efmeu du grãd miracle aduenu fur les trois enfãs qu'il auoit fait
iecter en la fournaife, c'eftoit:que tou

Daniel.3. tes gens de quelque nation ou eftar q
ils fuffent, q blafphemeroient contre
le Dieu de Sidrach, Mifaach, & Abde
nago, feroiét mis à mort, & leurs mai-
fons ruinées:car, certes, il n'y à aucun
dieu tãt puiffant, & qui peult ainfi fe-
courir aux fiens. Il fault reuocquer &
méttre fus, les loix des Empereurs tres

Edict de Iu
ftinian &
Theodofien
contre les he
retiques. illuftres, Iuftiniã & Theodofié, q no⁹
font couchée p efcript, au premier liure du Code, *tit. de haret. & Scifmaticis.*

Par lefquelles il eft interdiét aux here
tiques de faire certaines affemblées,
fuft en priué ou en public. Item de ne
garder ne retenir vers foy les liures cé
furez & cauterifez, infeétz de mauuai
tié, erreur, fuperftitió, ou curiofité deprauée:& ꝗ ceulx ꝗ en ont aueûs, fur
peine ꝗ fera declarée, aiét à les porter
to⁹, fans aucûs en retenir, aux iuges &
gouuerneurs des lieux, ou aux ïquifi-
reurs, & autres à ce deputez, pour les
brufler en public. Ce ꝗ no⁹ lifôs auoir
efté faiét du temps des Apoftres. Que Aétor. 19.
les liures & efcripts (diét la loy) foient
deftruiéts côme veftige & reliques de
puerfité execrable: mais aux dogmati
zâs & maiftres d'erreurs, elle fe môftre
pl⁹ rigoureufe, difât: Ceulx qui enfei-
gnét chofes illicites, foient reprimez
p fupplice de mort. Les autres ꝗ n'ôt
attéte de faire office de ꝓdicans, à fuborner les fimples, elle les punift par

H ij

bániſſemét & priuation hereditaire.
Il me ſemble auſsi, que aſſez cómo-
dement on pourroit eſtendre aux heretiques & ſciſmatiques, l'ordonnan

Ediſt du pa-
pe Gregoi-
re contre les
heretiques.

ce que feit iadis Gregoire Pape neuf-
ieſme, contre les blaſphemateurs: qui
eſt eſcripte au cinquieſme des Decre-
tales, chap.2. No⁹ ordonnons (dit il)
que ſi aucun laſche ſa lágue pour dire
blaſpheme contre Dieu, ou contre ſes
ſainⁿcts, principallemét côtre la benoi
ſté vierge Marie: qu'il ſoit condamné
par ſó Eueſque à la peine qui ſenſuyt:
C'eſt que par ſept iours de Dimáche
cóſecutifz, pendát que la meſſe parro-
chiale ſe chantera, il ſera debout, au
portail de l'egliſe, ſans entrer dedans,
& au dernier deſdicts ſept dimáches,
il ſe repreſétera audict lieu en chemi-
ſe, & nudz piedz, la corde au col, &
ieunera les vendredis deſdicts ſept ſemaines au pain & à l'eau, ſabſtenant
tout ledict téps de ſept ſemaines, d'é-

trer en l'eglife.Voyla(à mó iugemét)
vne peine doulce & fort efficace,
pour extirper les herefies.

Il ya pareillement vne loy en Plató,
qui eft de grand vertu & energie à re-
primer les herefies:Il eft(dit il)impof-
fible à vn hóme de bien exercer deux
diuers meftiers:& nature q ne le per-
meft.Qu'il foit dóc ordonné & tenu
pour loy en noftre cité, qu'vn hóme
ne f'entremette d'eftre charpentier &
feronnier,ou lapidaire.Que f'il y fur-
uient quelque eftranger ou aduolé,q
attépte d'exercer deux artz, qu'il foit
cótrainft p emprifonnement,amen-
de,& baniffement, de foy tenir à vn.
Cela peult auoir lieu en noz cardeurs
& cordóniers:lefquelz pfumás de iuger des chofes qui paffent leurs ftile,
difputét de la theologie, & de matiere de foy. Et certes p mefmes raifon,il
n'appartiét ny aux medecins , ny aux

*Plató lib.8.
de Leg.
Notable loy
de Platon:
contre noz
Cardeurs et
gens arti-
fans, qui
veullent et
fe difent e-
ftre Theolo-
giens.*

H iij

aduocats & legiftes, ny aux orateurs,
grámariens & dialecticiés, beaucoup
moins aux bourgeois & bourgeoifes,
aux fimpliciens & petis enfans, difpu
ter & iuger des haultains myfteres de
la foy: & de ce, faire meftier: ce qui eft
propre aux Theologiens & gens d'e-

Virgil. 6.
Aeneid.

glife. En c'eft endroit, ne me puis cón
tenir d'exclamer: Recullez vous pro-
phanes, recullez vous au loing: il ne
fault toucher aux chofes fainctes: a-
uec les mains poiffées, graffes, & fan-

Horace.

geufes: telles que font les voftres. Les
medecins doiuent difcuter des mede
cines & recipez: Les tailládiers & fer-
róniers des chofes concernátes leurs
meftiers: Et ne leurs doibt eftre aucunement permis de paffer les bornes:
fignammét de reuocquer en doubte
la foy qu'ils ont receüe, & q à de tout
temps efté tenue par leurs anceftres.

1. Cor. 7.

Chacun (dit monfieur Sainct Paul)
demeure en l'eftat de fa vocatió: trop

enquerir n'eſt pas le meilleur. S'il e-
ſtoit beſoïg,& Ieſuchriſt permettoit,
que ſa cauſe fuſt defédue par les loix
humaines, noùs pourrions icy contre eulx no⁹ aider des loix de preſcri-
ption & poſſeſſion immemorialle :
comme nous enſeigne Tertulliam.
Que lon ſe taiſe donc en telle matiere. Car l'arreſt en'eſt donné.

: Il ſoffre encore vn autre moyé à mó
aduis tres-facilé ; pour deſtruire & a-
bolir, nó ſeullement les hereſies, mais
generalemét to⁹ monopoles, factiós
& aſſemblées illicites: qui ſe font con
tre le bié public. lequel ſe tire du faict
des Atheniens: qui p vne loy qu'ó ap
peloit Oſtraciſme, enuoyér pour certain téps en exil, par chacú an, celuy
qu'ils trouuoient par la relation & re
cueil du iugemét de tout le peuple, e-
ſtre ſoſpeçóné ſur to⁹ autres de ſe vou
loir védiquer à luy ſeul, le gouuerne-

Loy des
Atheniens
contre tout
monopoles,
& factiós,
appellée O-
ſtraciſme.

H iiij

ment de la repub. Suyuãt telle obser-
uation, le cas aduenant q̃ vne ville du
royaume fust diffamée d'heresie, par
plusieurs prophanatiõs des sacremẽs,
fractions des images, libelles blasphe
matoires, ou placars seditieux, & que
de ces forfaits il ne se puisse trouuer p
les inquisiteurs ou officiers du roy, q̃
sont les autheurs, le crime de peu de
gẽs se pourra imputer à toute la cité:
laquelle suffisãment sera conuaincue
ou de malice, ou negligence à garder
l'integrité de la foy, de ce q̃ iamais n'à
puny ny accusé les autheurs du faict:
Et pourtãt pour punir telle negligen
ce ou mauluaitie, ou cas q̃ la plus part
de la ville fust encore bien sentant de
la foy, se pourroit par la maiesté royal
le, decerner l'Ostracisme cõtre icelle
ville: cest assauoir vnes lettres royaux,
par lesquelles il sera cõmandé aux ha
bitãs, qu'ils s'assemblent par dizaines
& centenes, iouxte le chef des logis,

Le crime de peu de gens se peult imputer à toute vne cité.

Moyen de scauoir cognoistre en vne ville les heretiques.

& qu'ils ayent à verballement declarer p leurs suffrages & aduis speciaux,
(apres auoir presté sur ce le sermét)les
trois ou quatre qu'ils iugent estre les
pl⁹ suspects& desreglez en matiere de
la religion Chrestienne:affin que par
tel souspeçon conuaincüe & approu-
uée par ce recueil, ils soient condam-
nez à estre bannis du païs pour trois
ou quatre ans,auecdefféces de nóalie
ner leurs biés ímeubles (n'estoit souz
expres cógé du roy)& de n'approcher
plus pres de ladiéte ville, de cinq ou
six lieux,pendant lediét exil.
.. Pour receuoir les voix & suffrages
du peuple, ló pourroit destiner deux
notaires royaulx, gés de bié,auec l'in
quisiteur,ou só substitut, qui rappor-
tât les cétaines à dix , & les dizaines à
vn,sans grâde difficulté, cognoistrót
qui sont les plus chargez:sur lesquelz
se doibt executer le mâdemét du roy.
Par ceste voye les autheurs & fauteurs

des sectes nouuelles, seront rendus o-
dieux au peuple: entát qu'ils aurôt e-
sté & serôt cause, q̃ leurs parés & amis
serôt bánis. D'abondát, ceux q̃ seront
aísi enuoyez dehors, & separes des au
tres, se pourrôt pl⁹ facillemét cognoistre, & monstreront incontinent par
leurs conuersation, gouuernemét &
hantise, quelz ils estoient auparauát,
principalement s'ils sont contraincts

Gés des vil-
lages , plus
grans obser-
uateurs des
ceremonies
de l'eglise,
que les au-
tres.

habiter áu village: car les villageois &
gens champestres, sont plus gráds ob
seruateurs des ceremonies & manieres de faire ecclesiastique , que les autres, & ne permetront sans murmure,
qu'il y en ayt rien changé ou osté.

Nous auós au lóg descript la formu
le dudict Ostracisme, au lib. 2. de no
stre police, chap. 11. En laquelle ne se
fault estóner, si p icelle les suspects de
crime sont condánez, cóme si no⁹ só
dions nostre iugement sur vn simple
souspeçon: car nostre esgard n'est icy

ràt au crime,q̃ à la coùlpe du vicieux
& mauuais foufpeçõ:qui eſt icy aueré
& prouué par le teſmoignage du peu
ple:lequel venãt eu ieu,ie ne viés ſeu-
lemét en cognoiſſance d'vne pure &
ſimple opiniõ,mais d'vn foufpeçõ crī
minel. Car c'eſt choſe coulpable &di-
gne de punition à vn hóme Chreſtiẽ,
par irregularité de vie, ſcãdalizer ſon
pchain,es choſes principallemét qui
concernét pieté& religion. Eſquelles
il cõuient les enfãs de l'egliſe (ainſi q̃
diſoit Iules Ceſar de ſes domeſtiques)
non ſeúllement eſtre exépt de crime,
mais meſmomét de mauuais ſoupçõ.
Pourquoy cófermer,no? nous pouós
ayder de la loy Gazaros,1.lib.C.de hæm.
& Manich.ou Iuſtiniã commáde,que
ceulx qui par ſeul foufpeçõ ſót notez
d'hereſie, au mandèment de l'egliſe,
iouxte la qualité de la perſonne,& có
dition d'iceluy foufpeçõ;aient à leurs
purger & móſtrer leurs innocence,&

Dict notable de Iules Ceſar.

Loy appelée Gazaros.

au cas qu'ils plongent & delaient ce
faire, iufques lan paffé apres le mãde-
ment, il declare qu'ils feront tenuz &
reputez heretiques. Il f'offre finablement vn autre moien, pour deftruire
herefie, nõ fort eflongné du p̃cedent,
& fe prent de la difcipline militaire. Si

Exemple de
faire, des
chefz d'ar-
mées, pour
la punition
des foldarts
defobeiffans,
& delin-
quans.

cóme les chefs d'armées, ont accouftumé d'vne cópagnée defobeiffante,
ou qui leur auroit failly au befoing,
prendre par fort le dixiefme ou cétief-
me, pour en faire la vengeáce, (affin q̃
la punitió foit reduicte à peu de gés,
& la craincte f'eftende fur to⁹: le prin
ce aufsi decerne vne decimatió ou cé
tefimatió contre la ville ou commu-
nauté diffamée d'herefie. Laquelle fe
pourra repeter par tant de fois, que le
nóbre vienne à trois ou à quatre, qui
pour toute la cité repareront le fcãda
le public, faifant le cótenu du Decret
du Pape Gregoire neufiefme, cy deffus exprimé. ou endurãt aultre peinç

que les iuges & gés fur ce deputez ad-
uiferont. Par ces moiens, cóme i'eftime,ó Roy trefchreftié,& vray catholique,fi voz iuges fór trouuez fideles
& entiers,en bref téps vo'dechafferes
les herefies de voftre royaume.car d'y $^{1.\ Ioan.1.}$
proceder par difpute , & f'efforcer les $^{Titum\ 1.}$
cóuaincre par argumét,il ne no' eft li
cite,& ne proffiteroit rié : entát q̃ l'A-
poftre no'admonefte du tout les fuir:
Et comme dict Tertulliã:l'efcripture $_{Tertullian.}$
faiĉte (de laquelle il no' les fauldroit
conuaincre)ne leur appartiét en rien,
entét qu'ils mefprifent l'authorité de
l'eglife,dót les efcriptures ont la leur.
Et de difputer contre eulx par raifon
naturelle,il ne nous eft permis dauan
tage,que cótre les Payens & Gentils:
pour les caufes cy deuant narrées.
  Vo' voyez,Sire,par ce bref difcours
que vous ay propofé, q̃ voz cófeillers
& affeffeurs peuuét auec vo' apperce
uoir cóbien herefie eft pernicieufe &

dágereufe à la repub. & côme foudain
fe multiplie & eftéd par le peuple ce
fte mal-heureufe feméce. En apres, il
vous appert comme ló pourra diftin-
guer les heretiques des catholiques,
pour les apprehender & punir.
Vous cognoiffés finablemēt de quelle peine ils ont efté du temps paffé pu
nis: & par quel moyen à l'aduenir ils
le pourront eftre par pl⁹ doulces peines, affin qu'ils recognoiflét leurs fau
tes, & fe côuertiflét, retournât à leurs
Dieu, & à ppetuelle obeiffance de no
ftre mere l'eglife. Aufquelles affaires,
il vous fault infifter & entendre, affin
de contenir voz fubiectz en paix &
tráquillité d'efprit, & de leurs biés té-
porelz: & aufsi principallement, affin
que ce fceptre & dignité du royaume
trefchreftié, vo⁹ foit gardé fauf & entier. En quel endroit ne vo⁹ fault tant
fier en voz iuges & officiers, que vous
ne fachez au vray auec quelle fidelité

& diligence, les caufes de la foy font
menées & traictées en leurs côfiftoi-
res. Car le bruyt eft, que en ces actiós,
les accufateurs & tefmoings font gre
uez oultre mefure, les interrogations
procedātes çà & la, hault & bas, à tort
& à trauers, tant que lon paruient à la
particularité: qui irrite le tefmoigna-
ge. Et d'autre part, les accufez font
fouftenuz & deffenduz, en forte que
aucunesfois affeuremét ils deffendét
leurs erreurs : & au lieu de venir aux
requeftes, ils menaffent les iuges, ce q̃
ne doibt fembler nouueau ny digne
d'admiration, quãd ia plufieurs-fois,
ils vo⁹ ont par leurs placars faict me-
naffes à voftre royaume. Toutes lefquelles chofes, Sire, vo⁹ font à poifer
& penfer, affin qu'il ne foit cy apres
rapporté, q̃ du regne de Henry deux-
iefme, la religion ayt efté diuifée en
Fráce: & que vn peuple foubz vn mef
me roy, n'ayt vefcu d'vn mefme ac-

cord en la foy. Et vous fault de tout
efforcer que vous laiffez le royaume
totallement repurgé de cefte zizanie,
à voftre illuftrifsime & bien aymé fils
Fráçois le roy dauphin: lors qui plai-
ra à Dieu(ǧ appelle les ames des princes) de vous demander reddition de
compte, de cefte voftre adminiftra-
tion royalle. Auquel temps vueille
le createur par fa faincte grace & mifericorde, qu'auec affeurance & con-
fiance,vous luy puifsiez dire à fon có-
fiftoire iudicial. Seigneur,vous m'a-
uez baillé cinq talentz: voyez cy autre cinq de proffit furuenu, affin que
vous oyez de fa bouche cefte benedi-
ction gratieufe: Refiouys toy bon &
fidele feruiteur:puis qu'en peu de cho
fes tu as efté loyal, ie t'eftabliray fur
plus grádes:Entre en la gloire & bea-
titude de ton Seigneur. Ainfi foit il.

FIN.

Note lecteur qu'au 31. fueillet, ligne 8. fault lire auquel
il fault plus deferer.

Ꞇ